La cuisson du pain pour les débutants : Guide de 100+ recettes avec images

Jean Martin

Contenu

CUISINER, FRIRE, CUIRE AU FOUR, ETC. - QUELLE EST LA DIFFÉRENCE ? 6

CONNAISSANCES DE BASE : FAIRE DU PAIN AVEC DE LA LEVURE ET DU LEVAIN 11

LA CUISSON DU PAIN POUR LES DÉBUTANTS 17

FAIRE DU PAIN - TRUCS ET ASTUCES 24

QUELLE FARINE DOIS-JE UTILISER POUR FAIRE DU PAIN ? 29

9 CONSEILS POUR LA CUISSON DU PAIN 32

QU'EST-CE QUI FAIT UN BON PAIN ? 36

COMMENT FAIRE DU PAIN ? 40

RECIPES 43

Ce livre électronique est fourni dans le seul but de fournir des informations pertinentes sur un sujet spécifique pour lequel tous les efforts raisonnables ont été faits pour s'assurer qu'il est à la fois précis et raisonnable. Néanmoins, en achetant ce livre électronique, vous acceptez le fait que l'auteur, ainsi que l'éditeur, ne sont en aucun cas des experts sur les sujets contenus dans ce livre, quelles que soient les affirmations qui peuvent y être faites. En tant que tel, toutes les suggestions ou recommandations qui sont faites dans ce livre sont faites purement pour le divertissement. Il est recommandé de toujours consulter un professionnel avant d'appliquer les conseils ou les techniques qui y sont présentés.

Il s'agit d'une déclaration juridiquement contraignante qui est considérée à la fois comme valide et équitable par le Comité de l'Association des éditeurs et l'American Bar Association et qui doit être considérée comme juridiquement contraignante aux États-Unis.

La reproduction, la transmission et la duplication de tout le contenu de ce site, y compris toute information spécifique ou étendue, seront considérées comme un acte illégal, quelle que soit la forme finale de l'information. Cela inclut les versions copiées de l'œuvre, qu'elles soient physiques, numériques ou audio, à moins que l'éditeur n'ait donné son consentement exprès au préalable. Tous droits supplémentaires réservés.

En outre, les informations qui se trouvent dans les pages décrites ci-après sont considérées comme exactes et véridiques lorsqu'il s'agit de relater des faits. À ce titre, toute utilisation, correcte ou incorrecte, des informations fournies dégagera l'éditeur de toute responsabilité quant aux actions entreprises en dehors de son champ d'action direct. Quoi qu'il en soit, il n'existe aucun scénario dans lequel l'auteur original ou l'éditeur peuvent être considérés comme responsables de quelque manière que ce soit des dommages ou des difficultés qui peuvent résulter de l'une des informations présentées ici.

En outre, les informations contenues dans les pages suivantes ne sont destinées qu'à des fins informatives et doivent donc être considérées comme universelles. Comme il sied à leur nature, elles sont présentées sans garantie quant à leur validité prolongée ou leur qualité provisoire. Les marques commerciales mentionnées le sont sans autorisation écrite et ne peuvent en aucun cas être considérées comme une approbation du détenteur de la marque.

CUISINER, FRIRE, CUIRE AU FOUR, ETC. - QUELLE EST LA DIFFÉRENCE ?

Des plats différents nécessitent des méthodes de préparation différentes. Mais pourquoi certains aliments sont-ils cuits, grillés, frits ou cuits à la vapeur ? Et qu'y a-t-il d'autre pour de nouvelles méthodes de préparation ? Nous vous présentons les méthodes les plus importantes.

Amortir

Lors de la cuisson à la vapeur, les aliments ne sont pas préparés directement dans l'eau mais dans la vapeur. Il existe des casseroles spéciales dotées d'un tamis dans lequel on place les aliments. Vous cuisez ensuite avec le couvercle fermé. Même les autocuiseurs conviennent à la cuisson à la vapeur. La préparation dans des Dampfgargeräten spéciaux est encore plus confortable. La beauté : La méthode ne convient pas seulement aux légumes, mais aussi au poisson, à la viande et aux fruits.

La cuisson à la vapeur présente les avantages suivants :

Les vitamines et les nutriments sont largement conservés car les aliments ne sont pas en contact direct avec l'eau bouillante.

Particulièrement idéal pour préserver le goût, la forme et la couleur des aliments.

Cuisinier

Lors de la cuisson des aliments est placé directement dans 100 °C d'eau chaude. En conséquence, ils cuisent rapidement, mais c'est aussi les vitamines et les nutriments au collet. Car plus la température est élevée, plus les nutriments sont perdus. En outre, certains aliments se modifient au contact de liquides bouillants. Par exemple, les protéines présentes dans les aliments d'origine animale se solidifient (par exemple dans le poisson ou les œufs) et l'amidon contenu dans les denrées alimentaires.

Lors de la cuisson des aliments, ceux-ci sont chauffés dans de l'eau chaude à 100 °C.

friteuse

Lors de la friture, les aliments sont cuits dans une graisse chaude de 180 à 220°C et obtiennent ainsi rapidement un goût intense. La friteuse est la mieux adaptée pour cela, mais théoriquement, on peut aussi frire dans une casserole. Il est important d'utiliser une graisse à point de fumée élevé (par exemple, du saindoux ou de la graisse de coco). En outre, la graisse doit être suffisamment chaude. Sinon, l'aliment en absorbera trop et deviendra une bombe calorique. La graisse chaude peut être utilisée jusqu'à trois fois mais doit être filtrée après chaque utilisation.

Si vous aimez les aliments plus sains et que vous ne voulez toujours pas vous passer des aliments frits, vous devriez recourir à une friteuse à air chaud. Ici, il n'y a généralement que quelques gouttes de graisse, car les aliments sont cuits dans l'air chaud. Vos repas auront non seulement une teneur en graisse beaucoup plus faible que dans une friteuse traditionnelle, mais votre cuisine sera également épargnée de l'odeur typique de la friture.

La friture est une méthode de préparation populaire, même pour les patates douces.

Rôti

Qu'il s'agisse d'amandes, de café ou de noix - lors de la torréfaction, des arômes agréables montent au nez. En outre, les aliments obtenus par la torréfaction ont un goût particulièrement bon. La torréfaction peut se faire aussi bien avec de la graisse qu'avec des matières grasses.

Mais attention : La torréfaction provoque également des substances indésirables, comme le furane. Ce dernier a été classé par l'Organisation mondiale de la santé (OMS) comme potentiellement cancérigène. Il est toutefois possible de réduire la teneur en furane en diminuant le brunissement des aliments (par exemple, en faisant griller les toasts).

pour cuire

La cuisson à l'air chaud a normalement lieu dans le four, à des températures comprises entre 100 et 250 °C plutôt. En raison de la chaleur sèche, les aliments à la surface obtiennent généralement un bronzage ou une croûte. Outre les gâteaux, le pain et les pâtisseries, les casseroles sont également préparées de cette manière. À propos : Saviez-vous que la pâte bronze plus vite dans les fours sombres que dans les fours clairs ?

Le four cuit les aliments avec de l'air chaud

ragoût

Si les aliments sont cuits uniquement dans leur propre jus ou avec peu de liquide comme de l'eau, du vin ou du bouillon, on parle de ragoût. La cuisson à la vapeur peut se faire à la fois au four (par exemple dans une feuille d'aluminium ou dans une rôtissoire) mais aussi sur la plaque chauffante. Dans ce dernier cas, il convient d'utiliser une grande marmite peu profonde ou une casserole avec couvercle. Une casserole romaine convient également pour la cuisson à la vapeur. Le brunissement des aliments reste dans le processus. Étant donné que les aliments ne sont exposés qu'à une chaleur moyenne pendant la cuisson à la vapeur, ils conservent davantage de vitamines et de minéraux par rapport à la cuisson ou au gril.

ragoût

Lors d'un ragoût, les aliments tels que la viande sont d'abord sautés dans la graisse chaude, puis refroidis et enfin cuits dans la sauce. Les marmites ou les rôtissoires, munies chacune d'un couvercle, sont idéales pour cela. Cette méthode est particulièrement adaptée à la viande et aux légumes.

grillades

À des températures comprises entre 250 et 300 °C, les aliments sont cuits à feu vif sur un gril. Le gril est populaire sur les grils à charbon de bois, à gaz ou électriques, mais les fours ont aussi une fonction gril. Vous devez faire attention à la graisse qui coule. Si elle entre en contact avec la source de chaleur, des substances nocives peuvent se former.

Lorsqu'il s'agit de griller, il faut faire attention à la graisse qui coule.

viande rôtie

Lors de la torréfaction, on distingue la torréfaction à long terme avec des températures comprises entre 140 et 250 ° C, la torréfaction à court terme entre 120 et 200 ° C et la torréfaction à basse température à 100 ° C :

Rôti à long terme : Les aliments, comme la viande, sont d'abord saisis avec ou sans graisse à haute température, puis cuits.

Rôti à court terme : Les aliments sont d'abord frits dans de la graisse chaude, puis cuits à basse température. À propos, une variante du rôtissage de courte durée est le sauté, dans lequel les aliments finement coupés sont sautés puis pivotés à haute température, par exemple dans un wok.

La cuisson à basse température : La méthode de cuisson la plus douce, qui se déroule dans le four à une température constante de 80 °C. Une forme particulière est la cuisson sous vide, ou sous vide. Dans ce cas, les aliments sont d'abord enfermés dans des sacs en plastique et mis sous vide avant d'être cuits à une température de 50 à 85 °C.

CONNAISSANCES DE BASE : FAIRE DU PAIN AVEC DE LA LEVURE ET DU LEVAIN

Cuisson du pain - conseils de base

1. Pesez exactement

Pesez toujours exactement les ingrédients, car la cuisson du pain dépend de quantités exactes. La farine, le levain, le liquide et le sel doivent être ajoutés à la pâte dans des quantités et des proportions précisément définies pour que le pain réussisse et ait bon goût.

2. Bien pétrir

Qui pétrit, gagne ! La pâte à pain veut être bien pétrie, car elle travaille sous l'air, ce qui contribue à l'ameublissement et à la blancheur de collage développés pour une structure élastique.

3. Le pain est-il prêt ?

Le pain a-t-il été cuit suffisamment longtemps ? Pour le savoir, il existe plusieurs possibilités en fonction du type de pain :

Prélèvement par écouvillonnage sur les pâtes molles : Introduisez un bâtonnet de bois au milieu du pain et retirez-le à nouveau. Si plus aucune pâte ne s'y colle, le pain est prêt à être cuit.

Taper sur les pâtes élastiques : Sortez le pain (avec des gants de cuisine !) du four et tapez brièvement sur le fond de la miche. Si le son est creux, le pain est prêt.

Un thermomètre à rôtir est l'indication la plus sûre de ce à quoi ressemble l'intérieur du pain : lorsque la température à cœur atteint 93 °C, vous pouvez retirer le pain.

Cuisson de la farine, des céréales, des grains et des épices pour faire du pain

La farine est l'un des principaux ingrédients de la fabrication du pain. Elle n'est combinée qu'à plusieurs reprises. Le type de farine ou de céréales que vous choisissez ne modifie pas seulement le goût du pain ...

seigle

C'est un grain de pain populaire, il lie bien l'humidité, ce qui fait que le pain de seigle reste frais plus longtemps. Cependant, le seigle possède des substances qui empêchent le pain de se détacher pendant la cuisson. Par conséquent, le seigle doit être traité avec du levain.

blé

Est un grain universel. Son goût doux et son gluten (Gluten) assurent une pâte lisse et élastique. Lors de la fabrication du pain, la farine de blé est aussi souvent combinée avec des farines sans gluten (comme le maïs et le sarrasin) pour améliorer leurs propriétés de cuisson.

avoine

Se compose principalement de flocons. Elles peuvent toutes deux être mélangées à la pâte et saupoudrées sur le pain fini. La farine d'avoine a une très faible teneur en gluten, c'est pourquoi elle est généralement mélangée au blé lors de la fabrication du pain.

Maïs

Il contient beaucoup d'ingrédients précieux, une saveur pleine et une belle couleur dorée. Pour faire du pain, cependant, le maïs doit être mélangé à des farines riches en gluten, afin que la pâte lève bien.

orge

C'est une culture ancienne qui a une teneur élevée en vitamines B et en minéraux. La farine d'orge doit être traitée avec le pain lors de la cuisson au levain.

millet

Il a une teneur élevée en fer et autres minéraux et est très sain. Pour faire du pain, on utilise le plus souvent des grains de millet.

Epeautre

Elle est étroitement liée au blé et peut souvent remplacer la farine de blé. Il a un goût fin. La protéine collante de l'épeautre est très sensible, c'est pourquoi la pâte lors de la cuisson du pain doit être soignée et ne pas être pétrie trop longtemps.

sarrasin

N'est pas une céréale, mais une plante renouée. Le sarrasin ne contient pas de gluten et ne peut être utilisé qu'avec du pain ou du blé lors de la fabrication du pain.

Céréales pour pain croustillant

Les graines de tournesol apportent de l'arôme et du mordant.

Les graines de lin contiennent beaucoup d'acides gras oméga-3 et doivent toujours tremper dans l'eau pendant quelques heures avant d'entrer dans la pâte.

Les graines de pavot sont souvent saupoudrées sur du pain de blé léger ou des petits pains, mais elles peuvent aussi être incorporées à la pâte.

Le chanvre rend le pain, entier ou cassé, croustillant.

Et les graines de citrouille apportent beaucoup de saveur à votre pain.

Le sésame rehausse encore son goût lorsque les graines sont légèrement grillées dans une poêle.

En revanche, lorsque l'on saupoudre, ce n'est pas nécessaire, le four le fait tout seul.

Épices à cuire pour le pain

Le sel est l'épice la plus importante du pain ; la formule du boulanger est de 2% de la quantité de sel.

L'anis, la coriandre, le carvi, le fenouil sont les épices classiques du pain au levain et en assurent la digestibilité.

Le piment apporte de la chaleur au pain - séché, en gousses fraîches ou sous forme d'épices en poudre.

LA CUISSON DU PAIN POUR LES DÉBUTANTS

1. Vous devez avoir ces ingrédients à la maison

Commençons par le plus élémentaire, à savoir les bons ingrédients pour le pain. Cela commence par la farine : dans la plupart des ménages, il n'y a que la farine standard blé 405th. Celle-ci peut être utilisée pour faire du pain brillant, mais à long terme, bien sûr, vous avez besoin de quelques autres types de farine. Pour commencer, vous devriez acheter les farines suivantes :

Farines de blé : 405, 550, 1 050 et farine complète

Farine épelée : 630, 1 050 et farine complète

Farine de seigle : 1,150 et farine complète

Bien sûr, si vous avez l'habitude de n'avoir qu'une seule farine à la maison, cela semble beaucoup pour commencer. Mais croyez-moi, à un moment donné, ce n'est que la base d'une collection de farines beaucoup plus importante !

En plus de la farine, vous avez bien sûr besoin d'autres ingrédients. Voici une liste des éléments les plus importants :

- Eau (n'achetez pas d'eau supplémentaire, l'eau du robinet suffit)
- Levure (fraîche ou sèche)
- Sucre/miel

- sel

En principe, c'est déjà assez ! Avec ces 5 ingrédients seulement, vous pouvez déjà cuire votre premier bon pain. Si vous voulez essayer des recettes de pain spéciales, comme le pain d'avoine ou de pommes de terre, vous avez besoin des éléments suivants :

- Produits laitiers : lait, yaourt, babeurre.
- farine d'avoine
- pommes de terre
- bière

2. Vous avez besoin de cet équipement de cuisine

Après avoir réuni tous les ingrédients, vous devez ensuite vérifier si vous disposez également de l'équipement nécessaire : Les pâtes à pain sont généralement lourdes et encombrantes. Un mélangeur manuel ne vous rendrait pas service à long terme. En outre, vous avez bien sûr besoin d'une balance de cuisine et, mieux encore, d'une balance fine. En effet, de nombreuses recettes de pain ne contiennent que de très petites quantités de levure, environ 1 g, qui ne peuvent pas être mesurées avec une balance de cuisine normale aussi précise. Il en va de même pour les tasses à mesurer : Il est préférable d'avoir une tasse à mesurer normale et une autre pour mesurer les petites quantités. Sinon, vous aurez besoin de torchons ou de linge de boulangerie pour couvrir la pâte, d'une carte à pâte solide pour déloger la pâte du bol et, bien sûr, de gants de cuisine. En outre, un couteau bien aiguisé, un pinceau à pâtisserie et quelques cuillères à soupe et à café.

3. Les erreurs courantes dans la fabrication du pain et comment les corriger

Sur Internet, vous trouverez un flot ininterrompu de recettes de pain. Toutes ces recettes ne proviennent pas d'auteurs qui comprennent vraiment quelque chose au pain ... Autrement dit, les recettes de profanes sont souvent truffées d'erreurs de panification. Par exemple, dans une recette de chef, j'ai lu qu'il fallait faire une miche de pain puis la placer directement dans le four froid. L'auteur prétendait que le pain continue à lever et à cuire dès que le four est préchauffé à la bonne température. - C'est une erreur fatale qui conduit inévitablement à un mauvais pain et à une croûte pas très belle !

Règle n° 1 : le pain doit toujours être cuit dans un four préchauffé !

Une autre idée fausse que l'on rencontre souvent dans les recettes concerne la température ou le réglage du four. Certaines personnes transfèrent probablement la température habituelle lors de la cuisson de gâteaux à la cuisson du pain et indiquent, par exemple : cuisson à 160 degrés. Ce réglage est totalement inadapté à la cuisson du pain.

Règle n° 2 : le pain a besoin de températures chaudes (au moins 200 ° C) et doit être cuit à feu vif ! Le meilleur résultat est obtenu lorsque le pain n'est cuit que très chaud pendant environ 10 minutes (250 °), puis la température baisse.

La troisième règle concerne un élément très important pour le développement d'une belle croûte, mais qui est souvent oublié :

Règle n° 3 : le pain a besoin d'une humidité élevée dans le four ! Pour y parvenir, il suffit de réchauffer un moule avec de l'eau pour créer de la vapeur d'eau.

La règle suivante n'est en fait pas une règle correcte, mais plutôt un rappel :

Règle n°4 : le pain a besoin de sel ! Ne l'oubliez pas, sinon il sera fade □ .

Pour gagner du temps, on dit aussi souvent que l'on peut faire du pain sans y aller. C'est faux, car les deux principaux agents du pain (la levure et le levain) ont besoin d'un certain temps pour agir. Laissez les doigts des recettes qui vous promettent un pain turbo. Soit elles sont faites avec des pâtes de fromage blanc, soit avec de la levure chimique. - Les deux ne permettent pas d'obtenir la consistance souhaitée. Des quantités infinies de levure qui accélèrent la croissance de la pâte peuvent vous donner un pain rapide, mais pas vraiment bon.

4. Faire une pâte à pain : C'est comme ça que ça marche

On peut imaginer que la cuisson du pain ressemble à la préparation d'un gâteau : de nombreuses étapes individuelles sont nécessaires. (Tout d'abord, la génoise doit être préparée et cuite, puis le fond doit être refroidi et découpé en plusieurs couches, la crème doit être préparée, et enfin tout est assemblé et décoré...) Lorsque l'on fait du pain, cela ressemble à ceci :

Pré-pâte : Pour de nombreux pains, il faut d'abord préparer une première pâte. Cela semble être un travail supplémentaire, mais en fait, cela se fait très rapidement. Dans la plupart des cas, il suffit de mélanger quelques ingrédients (par exemple, de la farine, de l'eau, de la levure) juste avec une cuillère et de laisser reposer un certain temps. Donc : n'ayez pas peur des starters !

Pâte principale : Pour la pâte principale, on commence par dissoudre la levure dans un liquide. Ensuite, tous les autres ingrédients et la pâte entrent en jeu, et le tout est pétri.

Première Gare : Lorsque le pétrissage de la pâte est terminé, couvrez le bol avec un torchon et laissez la pâte lever pendant un certain temps.

Pétrissage et façonnage : Après la première cuisson, la pâte est retirée du bol et pétrie à la main, puis façonnée en un pain.

Deuxième Gare : Ce pain est placé sur une plaque de cuisson et recouvert à nouveau d'un linge. Pour qu'il puisse ressusciter.

4. Faites cuire le pain correctement : C'est comme ça que ça marche

Que se passe-t-il après la deuxième gare ? Bien sûr, la cuisson ! Comme vous l'avez déjà vu dans mes 5 règles d'or, il y a certaines choses à garder à l'esprit lors de la cuisson. C'est le bon processus de cuisson qui détermine si un pain est bon ou non ! Tout d'abord, vous devez préchauffer vigoureusement le four pendant au moins 15 à 30 minutes, de préférence avec une température très élevée, c'est-à-dire 220 à 250 degrés. Utilisez toujours le réglage chaleur du haut vers le bas, à moins que vous ne fassiez cuire des brioches sur plusieurs niveaux, la circulation de l'air étant alors préférable. Déjà pendant le préchauffage, vous pouvez assurer la bonne humidité dans le four : placez un plat de cuisson ou un autre récipient résistant à la chaleur sur le fond du four et ajoutez de l'eau. Lorsque le four est très chaud, l'eau bout et s'évapore. C'est bon pour le croûtage du pain.

Déposez la pâte sur une plaque de cuisson et mettez-la dans le four préchauffé. Attention, lorsque vous ouvrez la porte du four, une partie de la vapeur chaude s'échappe ! Ne prenez donc pas la peine de vous ébouillanter les doigts ou le visage. Fermez la porte du four et laissez le pain cuire pendant environ 10 minutes à la température élevée programmée. Ensuite, on ouvre généralement la porte du four une fois pour que la vapeur puisse s'échapper. La température est généralement réduite et le pain cuit si prêt. Dans les dernières minutes du temps de cuisson, il est judicieux d'ouvrir à nouveau légèrement la porte du four. Cela rend la croûte agréable et croustillante. La meilleure chose à faire est de coincer une cuillère en bois dans la porte du four ...

C'est terminé ! Votre pain a été cuit et il ne lui reste plus qu'à refroidir sur une grille. Veillez à ce qu'il soit vraiment complètement froid avant de le couper. Sinon, la pâte s'effritera.

FAIRE DU PAIN - TRUCS ET ASTUCES

De la farine, de l'eau, du sel et du temps pour un bon pain.

Les connaissances de l'ancien art de la boulangerie sont utilisées par de plus en plus de personnes, qui mettent l'accent sur la vertu de faire soi-même et de cuire son propre pain. On essaie les recettes des grands-mères, on prépare du levain naturel, on pétrit les pâtes à la main et on laisse soigneusement les pâtons mûrir. La récompense de ces efforts : des tranches de pain à la croûte croustillante et parfumée, qui sont un véritable plaisir à déguster.

Pain de seigle ou de blé ?

Qu'il s'agisse de petits pains pour le petit-déjeuner, de baguettes, de ciabatta ou de brioche, tous ces pains brillants sont fabriqués à partir de farine de blé. Le blé est la céréale panifiable la plus importante au monde. Il contient beaucoup de gluten, qui rend la pâte étirable et élastique. Le gluten peut lier beaucoup d'eau et assure ainsi une structure de pâte aérée et lâche. En ce qui concerne l'agent levant, la farine de blé est suffisante pour une certaine quantité de levure. La farine de blé est idéale surtout pour les débutants : la pâte se tient plus facilement grâce au gluten, et elle ne réagit pas de manière sensible à un long pétrissage.

Le pain de seigle, contrairement au pain de blé, se caractérise par une pâte plus foncée et une mie plus épaisse. Le seigle ne contient pas autant de gluten, ce qui rend la pâte plus lourde et plus dense. La farine de seigle a besoin d'un environnement acide pour pouvoir cuire. Une méthode ancienne consiste à ajouter du levain. Le levain est utilisé pour ameublir, acidifier et aromatiser les pâtes à base de farine de seigle. Le levain naturel contient des bactéries et des levures lactiques, qui se forment 24 heures après le "départ" et le rendent acide. Le levain de farine et d'eau est alimenté chaque jour par l'ajout régulier d'eau fraîche et de farine.

Combien de temps le pain doit-il cuire ? Quelle température dois-je utiliser pour faire cuire le pain ? Vous trouverez ici de précieux conseils et astuces !

La levure :

Dissoudre la levure fraîche dans le liquide chauffé à la main, puis incorporer les autres ingrédients. Une pincée de sucre nourrit les levures, amorçant ainsi le processus de fermentation souhaité. En aucun cas, il ne faut ajouter du sel à cette première étape ? Le sel attaque les cellules de levure et les fait mourir.

Les spécialistes de la pâtisserie se disputent sur la question de savoir si la levure fraîche ou la levure sèche donne un meilleur résultat de cuisson. Pour obtenir une pâte lâche et aérée, il est important de respecter le bon rapport entre la farine et la levure pour les deux types de levure. Une livre de farine de blé complète devrait contenir 15 grammes de levure fraîche, avec de la farine de blé blanche pure, 10 grammes de levure suffisent.

Vapeur :

Si vous voulez que votre pain soit très croustillant, vous devez conserver suffisamment d'humidité dans le four. Vous pouvez simplement mettre un bol d'eau dans le four. L'eau qui s'évapore se condense à la surface de son morceau de pâte à pain et empêche la formation trop rapide d'une croûte. Votre pain devrait enfin continuer à lever dans le four. Cependant, dans le cas d'une mie prématurée, les gaz de fermentation ne pourraient pas s'échapper - le pain resterait petit et compact.

Cohérence :

Pour les petits pains et les pains de mie, on ajoute de l'eau à la pâte, ce qui leur assure un aspect croustillant. Les pâtes pour les petits pains à la levure ou les brioches, dont la texture est plutôt molle, sont faites avec du lait. En principe, la pâte doit être initialement molle et un peu collante, trop de farine dans la pâte rend le pain sec.

Malaxez :

Les pâtes à levure sont en fait impatientes de subir un traitement brutal, un pétrissage persistant et un battage. C'est ainsi que se forme l'échafaudage protéique qui, plus tard, lors de la cuisson, permet d'obtenir un pain lâche et en même temps stable. Il est important de bien pétrir à nouveau la pâte après la première fermentation. Les gaz de fermentation et les champignons de levure nouvellement formés sont répartis de manière optimale dans la pâte. Les Dinkelteigen, par contre, ne doivent pas être pétris trop longtemps : Une seule minute de trop et vous obtiendrez plus tard un pain plat sorti du four.

Chaleur :

Le champignon de levure en lui-même aime une chaleur agréable autour de 30 ° Celsius et prolifère dans ces conditions pour le plus grand plaisir du boulanger : La pâte s'ouvre et augmente énormément son volume en un temps relativement court. Cependant, il existe aussi des recettes de pâtes qui exigent que la pâte à levure lève à des températures fraîches. Ici, le temps de repos est beaucoup plus long. Le pain cuit est après une Gare dite froide des pores beaucoup plus fins. Cependant, la levure réagit très sensiblement aux courants d'air. Un simple torchon placé au-dessus du bol de pâte permet d'éviter d'abîmer la pâte.

De la graisse :

Le beurre ou les huiles de haute qualité affinent la pâte à pain. Il est important que vous pétrissiez les autres ingrédients et que vous ajoutiez ensuite la matière grasse.

Le sel :

Une petite dose de sel permet de stabiliser la consistance de la pâte. Elle ne devient pas plus forte, mais son goût est plus stable. Aussi paradoxal que cela puisse paraître : les pâtes particulièrement sucrées ont besoin d'une petite pincée de sel, en tant que vecteur de goût, il accentue la douceur de la pâte. Inversement, il en va de même : le salé est aromatisé par une pincée de sucre ou de miel.

Forme :

Pour les pains qui doivent avoir une surface particulièrement croustillante et rustique, on utilise des paniers de fermentation. Ils sont généralement fabriqués en rotin et garantissent que le pain avant la cuisson prenne la forme typique et obtienne un joli motif. Dans les formes de boîtes normales, seule la face supérieure du pain devient croustillante à la cuisson. Elles sont donc meilleures pour les pains mous.

QUELLE FARINE DOIS-JE UTILISER POUR FAIRE DU PAIN ?

Nous devons notre variété de pain au mélange de différents types de farine, qui ont été moulus à différents degrés. Le degré de mouture d'un grain peut être reconnu par la désignation du type de farine : plus la désignation du type est faible, plus le grain a été moulu.

Les grains de blé sont complètement moulus, y compris les plantules, dans la farine de blé complète, mais le grain est plus ou moins poli dans les autres types. La farine la plus brillante est la farine de blé 405. Ici, seul le noyau interne du grain a été traité.

La désignation du type de farine donne des informations sur la finesse de mouture du grain. En fait, le type de farine en milligrammes indique la quantité de minéraux contenue dans 100 grammes de farine. Pour cela, on brûle exactement 100 grammes de farine, et le poids des cendres restantes désigne le type de farine.

Les farines en un coup d'œil

Farine de blé

Type 405

La 405er est la farine de blé la plus légère et la plus fine. Elle a un très bon pouvoir liant et se prête bien aux pâtes élastiques qui se travaillent bien. Cette farine est idéale pour les gâteaux, les pâtes à levure et pour épaissir les sauces.

Type 550

Cette farine est un peu plus forte mais reste légère. Elle convient bien aux pâtes à pain et à pizza et aux biscuits. La farine se marie bien et forme une croûte à pores fins.

Types 812, 1050 et 1600

Ces types de farine sont nettement plus foncés et ont une teneur en coquille plus élevée. Elles sont particulièrement adaptées au pain et aux pâtes salées.

Farine de seigle

Type 815

La farine de seigle de type 815 est la farine de seigle la plus légère. Elle est souvent utilisée pour la fabrication de pâtisseries salées telles que le pain ou les petits pains.

Types 997 et 1150

Ces types de farine assez foncés sont particulièrement adaptés à la production de pain.

Types 1370 et 1740

Deux farines de seigle très foncées, idéales pour le pain au levain ou mixte.

Farine épelée

Type 630

La farine épelée type 630 est une farine très légère, qui convient bien à la production de nombreux gâteaux, pains et pâtes à rouler.

Types 812 et 1050

Deux farines d'épeautre plus foncées qui sont idéales pour la fabrication du pain. Avec la farine d'épeautre 812, les classiques comme la pizza ou les pâtisseries à la levure réussissent particulièrement bien. Les personnes allergiques aiment l'utiliser comme substitut de la farine de blé.

9 CONSEILS POUR LA CUISSON DU PAIN

1. Quels types de céréales pour le pain

Que vous utilisiez du blé, de l'épeautre, du seigle, de l'épeautre, de l'orge, du maïs, du millet ou du riz pour la préparation du pain - d'un point de vue botanique, il s'agit de graines de la famille végétale des graminées. Les pseudo-céréales (par exemple l'amarante, le sarrasin ou le quinoa) sont des céréales qui peuvent également être utilisées pour la préparation du pain mais qui sont d'un autre type.

2. Lisse et pratique : la farine

Pas de pain sans farine vivante. Seule une farine non traitée et sans additif peut faire ce que le boulanger veut qu'elle fasse : à savoir, subir un processus de fermentation naturelle et "travailler". Le typage de la farine se fait sur la base du taux d'extraction et des informations sur la teneur en minéraux (portion de coquille). Plus la valeur est élevée, plus la farine est foncée. Les farines complètes ne sont pas classées car elles contiennent la totalité de la coquille. En Autriche, les termes lisse (très fin), griffé (légèrement plus grossier), universel (mélange des deux 1 : 1) ou double poignée (un peu plus grossier) sont usuels. Ils désignent essentiellement la taille du grain.

3. Qu'est-ce qui convient comme épice pour le pain ?

Le carvi, le fenouil, l'anis et la coriandre sont considérés comme les épices classiques du pain. Les huiles essentielles qu'elles contiennent avaient à l'origine pour mission de rendre les pâtisseries saines ; le goût était secondaire. Le pain et les épices sont historiquement étroitement liés. Le "pain de l'estomac" était autrefois préparé par des religieuses selon des recettes traditionnelles et administré comme médicament.

4. Mélangez et pétrissez : d'abord lentement, puis rapidement.

Deux étapes de transformation sont importantes pour le développement de la pâte à pain : lors d'un mélange lent, les ingrédients se mélangent d'abord et gonflent. Lors d'un pétrissage plus rapide - les boulangers placent les machines au niveau supérieur - les ingrédients sont ensuite travaillés et mis sous tension dans la pâte. Ces deux opérations peuvent être réalisées à la main ou à l'aide de puissantes machines de cuisine.

5. Mélangez le pain grillé pour le goût

Qu'est-ce qui a le meilleur goût sur du pain ? L'écorce croustillante ! Pour avoir ce goût dans la mie, vous pouvez mélanger la pâte avec du pain grillé. Il s'agit d'une méthode traditionnelle de boulangerie. Pour cela, des morceaux de pain rassis sont grillés au four, mélangés à de l'eau, mixés et ajoutés à la pâte. En même temps, c'est une excellente façon d'utiliser les restes de pain.

6. Cuire au four - cuire à température descendante

Traditionnellement, le pain était cuit dans des poêles à bois en maçonnerie ou à feu direct. Cela signifiait : nettoyer le four et le chauffer des heures avant. Enfin, le pain était "tiré" et cuit avec la chaleur emmagasinée dans les pierres. On obtenait ainsi une atmosphère de cuisson optimale, que l'on peut imiter avec les fours domestiques des cuisines d'aujourd'hui. Le pain cuit est donc toujours placé sur la plaque de cuisson déjà chaude - une brique chauffée est encore mieux. La cuisson se fait alors à température descendante comme dans le poêle à bois, qui se refroidit avec le temps.

7. Frappez et mesurez : quand le pain est-il prêt ?

Quand le pain est-il prêt à être cuit ? Si vous voulez le savoir très précisément, il est recommandé de mesurer la température à cœur comme pour le rôti du dimanche : Si le thermomètre atteint 95 à 97 ° C, vous pouvez sortir le pain du four. Mais même la méthode traditionnelle du "coup" fonctionne : sortez le pain du four, retournez-le et tapez-le avec votre articulation. Si le pain sonne creux, il est cuit.

8. Croquant et juteux : la croûte et la mie

La croûte est l'enveloppe extérieure croustillante d'une pâtisserie. La mie (ou pout) est la vie intérieure juteuse, moelleuse et, selon le guide de la pâte, à pores grossiers ou fins. La formation de la croûte dépend également du type de cuisson : Les pains dits "poussés librement", qui ne se touchent pas dans le four, forment une croûte tout autour. En revanche, les "sandwichs" sont juxtaposés et ne forment une croûte qu'en surface - comme le pain en boîte cuit au four. Le pain de chambre à vapeur est cuit dans des chambres de cuisson spéciales sous pression pendant une très longue période. Ils ne développent pas de croûte - comme le pumpernickel.

9. Le gluten : la colle que tous n'aiment pas

Le terme gluten désigne un mélange de protéines et est présent dans toutes les variétés de blé et, dans une moindre mesure, dans le seigle ou l'avoine. Lorsqu'il est combiné à l'eau, le gluten forme un blanc collant, qui permet au pain de lever. Environ 0,5 % de la population souffre de la maladie cœliaque, la véritable intolérance au gluten. Vous ne devez pas consommer de gluten. En outre, de plus en plus de personnes critiquent le gluten, même si elles pourraient facilement en manger. C'est pourquoi les aliments sans gluten sont devenus à la mode.

QU'EST-CE QUI FAIT UN BON PAIN ?

Il existe une grande variété de pains : pain complet, baguette, pain noir, pain blanc ou pain de seigle, pour n'en citer que quelques-uns. Mais qu'est-ce qui fait exactement un bon pain ? D'où vient le pain ? Quels sont ses ingrédients ? Comment le bon pain est-il cuit ? Et comment le conserver pour qu'il reste frais longtemps et n'ait pas un goût de vieux ?

Bon pain : croustillant à l'extérieur, juteux à l'intérieur.

Le bon pain peut être reconnu par une variété de facteurs :

Un bon pain sent bon. Il doit sentir bon et, selon la variété, de fruité à épicé, de doux à légèrement acide. Il a également un goût sans tartinade ni garniture. Même s'il n'est pas consommé le jour même, il a encore du goût après quelques jours.

La croûte doit légèrement craquer après la cuisson. En refroidissant, elle se contracte et forme de fines fissures dans la croûte, qui s'étirent sur le pain comme un filet. C'est une caractéristique de qualité du pain. La mie est la vie intérieure du pain. Elle doit être juteuse mais également élastique. On peut tester son élasticité en l'enfonçant avec le doigt. Si le pain revient à sa position initiale, c'est bon signe.

Le pain doit également contenir le moins de sel possible, selon la règle des 2%.

D'où vient le pain ?

Il y a plus de 10 000 ans, l'homme a commencé à cultiver des céréales. À l'origine, elles étaient consommées sous forme moulue avec de l'eau sous forme de bouillie ou de soupe. Plus tard, la bouillie était cuite sous forme de pain plat sur une pierre chaude ou dans les cendres d'un feu. On peut considérer qu'il s'agit là de la forme originelle du pain.

La construction des premiers fours et la découverte de l'effet de la levure par les Égyptiens ont révolutionné le processus de cuisson du pain. Plus tard, les Romains ont encore optimisé la fabrication du pain en inventant des moulins et des pétrins à pain et en perfectionnant le four.

Ingrédients pour la cuisson du pain

Pour la cuisson du pain, quatre ingrédients suffisent : la farine, l'eau, le sel et le levain. Il ne faut pas oublier un autre facteur important : le temps. Ces ingrédients constituent la base de chaque pain.

L'ingrédient principal de chaque pain est la farine. La farine n'est pas la même, c'est pourquoi elle peut être divisée en différents types. Un type de farine vous indique dans quelle mesure le grain a été moulu. La farine domestique courante est la farine de blé de type 405. Elle est très fine et a une couleur blanche. Les farines de qualité supérieure, comme la farine de seigle de type 1800, ne sont pas aussi finement moulues et sont plus foncées. La farine de blé complète n'est plus un type.

Lors de la cuisson du pain, selon la recette, plusieurs variétés sont mélangées. Cela est lié au fait que les types de farine z. B. plus élevés ou la farine complète ont une capacité de cuisson plus faible. La farine de blé contient une forte proportion de gluten et d'amidon et est donc particulièrement adaptée à la boulangerie.

Il existe également d'autres variétés, telles que la farine épelée, la semoule de maïs, la farine d'avoine, la farine de riz, la farine de sarrasin et de nombreuses autres farines qui ont d'autres propriétés.

Au lieu de la levure, le levain peut également être utilisé comme agent levant. Il est composé de farine, d'eau et de micro-organismes. Les bactéries lactiques et les levures qu'il contient assurent la fermentation de la pâte. Les levains affinent, entre autres, l'arôme et le goût et améliorent la tenue.

Un petit indice :

Le temps est un autre facteur important. Il faut laisser à la pâte le temps de se développer, ce qui permet d'utiliser moins de levure et de varier la saveur du pain fini.

L'eau est tout aussi importante. Sans elle, les processus enzymatiques qui permettent à la levure de fermenter ne peuvent avoir lieu. Il est également intéressant de noter que la dureté de l'eau a une influence sur les propriétés adhésives. Ainsi, dans une eau très dure et très minéralisée, il est possible de produire des pains dont le volume est plus petit, les pores plus fins et la mie élastique et ferme. Des pains plats avec des pores plus grossiers et des miettes sèches et friables peuvent être produits en utilisant une eau très douce.

De même, le sel a une signification importante. Dans la pâte de blé, par exemple, il assure la stabilité dimensionnelle. Mais attention : Ne pas ajouter trop de sel à la pâte ! Pour les pâtes contenant de la farine de blé, l'ajout de sel devrait être de 1,8 à 2,2%, pour le pain complet ou le pain de grenaille, seulement de 1,5 à 1,8%.

COMMENT FAIRE DU PAIN ?

Les étapes suivantes peuvent varier en fonction du type de pain à cuire. En effet, chaque pâte doit être pétrie pendant une durée différente, aller, être façonnée, coupée ou cuite.

La préparation : Avant de commencer la cuisson proprement dite du pain, dans cette phase, en fonction du type de pain, par exemple, on prépare le levain ou on rafraîchit le levain. Sinon, les préparations seront effectuées en cuisine dans cette étape.

Mélange : Le mélange des ingrédients - farine, eau, levure et sel - est la première étape de la fabrication du pain et est souvent considéré comme la première étape de la phase de pétrissage.

Pétrissage : Le pétrissage de la pâte est la base du développement d'une bonne structure de la mie. Il est essentiel lors du pétrissage qu'il soit fait bien et doucement. Cher plus long et plus doux, pas que vous pétrissez la pâte et il perd de sa stabilité. Il s'agit d'une machine à pétrir, qui, contrairement au pétrissage à la main, travaille de manière plus régulière.

Repos de la pâte : Également appelé stockgare, il s'agit de la première phase de fermentation de la pâte non encore formée. Elle se déroule à des températures comprises entre 20 et 28 degrés afin que les levures puissent se multiplier au mieux. Le traitement de la pâte dans cette phase permet de fluidifier la pâte, d'ajuster la répartition de la température dans la pâte et ainsi d'échanger le dioxyde de carbone avec l'oxygène pour augmenter l'activité des levures.

Formes : Après le repos, la pâte à pain est amenée à la forme souhaitée. Si plusieurs pâtons apparaissent, ils auront besoin de plus de temps de repos, selon la recette.

Selon les spécifications de la recette, la pâte est mise en forme rapidement et en quelques étapes simples. Une surface lisse et ferme est importante pour la réussite du pain.

Endgare : Cette étape est également connue sous le nom de cuisson à la pièce. À des températures comprises entre 25 et 35 degrés, la pâte passe une dernière fois avant d'être cuite, et la fermentation de la levure commence. Mais même à des températures plus basses, un boulanger amateur peut produire un pain savoureux.

Découpage : Selon le type de pain, le morceau de pâte est coupé avec un couteau ou une lame de rasoir de différentes manières. De ce fait, la surface de la pâte dans le four se déchire et il y a un Ausbund. La surface est ainsi plus riche en croûte et le goût est meilleur.

Cuisson : Il est important, lors de la cuisson du pain, d'avoir un four très bien préchauffé avec une brique dont la température est initialement très élevée et qui baisse ensuite. Une humidité élevée dans le four au début, assure que la surface de la pâte reste élastique. Cela peut être obtenu par la cuisson à la vapeur (également appelée étuvage). Mais attention aux boulangers amateurs : Tous les fours ne sont pas adaptés à ce procédé, au cours duquel un petit verre d'eau est versé sur la sole chaude du four. Si vous n'êtes pas sûr que votre appareil soit adapté à cette opération, demandez au fabricant.

Les fours plus récents peuvent avoir une fonction vapeur qui permet de cuire à la vapeur. Le temps de cuisson dépend de la taille de la pâte et du brunissement souhaité.

Refroidissement : Pendant la phase de refroidissement, le pain déploie tout son arôme. En outre, de fines fissures apparaissent dans la croûte - ce qu'on appelle le fenêtrage.

RECIPES

Biscuits rapides à faible teneur en glucides, sans farine ni sucre

ingrédients

- 300 grams of almonds ground and blanched
- 1 gros œuf
- 60 grams of butter soft
- 40 grams of xylitol very finely ground
- 40 grams of erythritol very finely ground, eg powder sugar

préparation

Pétrissez ensemble tous les ingrédients de la pâte. Le xylitol et l'érythritol doivent être en poudre ou du moins finement moulus.

Laissez refroidir la pâte enveloppée dans du papier aluminium pendant environ 30 minutes.

Préchauffer le four à 175 degrés en haut et en bas. Étaler la pâte entre deux couches de papier aluminium ou sur un tapis de cuisson saupoudré d'amandes. Découpez des formes. Placez les biscuits sur une plaque recouverte de papier sulfurisé et faites-les cuire pendant environ 10 minutes.

Étoiles à la cannelle à faible teneur en glucides et sans sucre

ingrédients

- 3 blancs d.d.d. de taille moyenne
- 150 grams of powdered sugar from erythritol
- 350 grams of almonds ground
- 1 cuillère à café de cannelle
- 2 drops of bitter almond oil

préparation

Battez les blancs d'œufs en neige. Ajouter le Sukrin Melis nécessairement tamisé, une cuillère à soupe à la fois. Réservez environ 5 cuillères à soupe de jaunes d'œufs pour l'enrobage ultérieur des étoiles à la cannelle. Préchauffer la cuisinière à 120 degrés.

Mélangez les amandes moulues avec la cannelle et l'huile d'amande amère. À l'aide d'une spatule ou d'une cuillère en bois, poussez-la délicatement sous la masse d'œufs, de manière à ce que l'air reste dans les blancs d'œufs et qu'elle ne tombe pas tout à fait.

Mettez la pâte au réfrigérateur pendant environ une demi-heure, puis étalez-la sur un demi-centimètre d'épaisseur entre un film plastique ou sur un tapis de cuisson. Vous pouvez saupoudrer quelques amandes moulues sur le plan de travail si la pâte colle trop.

Découpez les étoiles dans la pâte et placez-les sur une feuille de papier sulfurisé. Enduisez les étoiles de masse d'œuf. Faites cuire dans un four préchauffé à 120 degrés pendant environ 20-25 minutes ou à sec.

biscuits au chocolat sans sucre

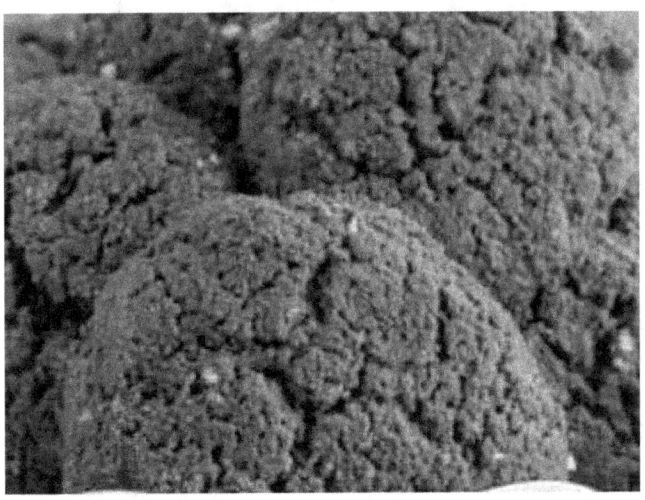

ingrédients

- 30 grammes de cacao pâtissier mélangé à un peu d'eau chaude pour obtenir une pâte, environ 30ml
- 2 œufs de taille moyenne

- 30 gram 30 de beurre doux , ou bien de l'huile de noix de coc de coc de l'huile
- 110 grams of erythritol or about 90 grams of cane sugar
- 60 grams of almond powder reduced in fat
- 60 gram grammes de farine
- 1 cuillère à café de levure chimique
- 0,25 cuillère à café de vanille moulue

préparation

Mélangez la poudre de cacao avec un peu d'eau chaude (environ 30 ml) pour obtenir une pâte visqueuse. Mélanger le beurre et l'érythritol ou le sucre, ajouter les œufs et le mélange jusqu'à ce qu'il soit légèrement crémeux. Préchauffer le four à 175 degrés en haut et en bas ; Recouvrir un moule de papier sulfurisé.

Ajouter la farine et la levure chimique et mélanger soigneusement avec la pâte de cacao. Si la pâte est extrêmement humide, ajoutez une cuillère à café de farine d'amande supplémentaire ; elle a tendance à être humide. Déposez les tas sur une plaque à pâtisserie avec deux cuillères.

Faites cuire les biscuits pendant 12-15 minutes. Ils sont encore un peu mous lorsque vous les sortez du four, mais ils deviennent encore plus fermes ensuite.

Recette de base pour des biscuits simples sans gluten (sans sucre)

ingrédients

- Pour la pâte
- 150 grams of rice flour or other gluten-free flour
- 100 gram gram de de féc de maïs
- 40 grams of ground almonds
- 100 grammes de xylitol ou erythritol ou sucre normal
- 150 grams of butter cold and in small pieces
- 2 jaunes d'œufs de taille moyenne
- 0.5 cu.à c. de g g g g g g g g g g g g de car car car car car car car car car g
- Affiner
- Noix de pistache hachées
- Gouttes de chocolat sans sucre
- framboises lyophilisées
- raisins secs
- chopped almonds or nuts

préparation

Pétrir tous les ingrédients d'abord au robot, puis avec les mains pour obtenir une pâte brisée lisse. Divisez la pâte en plusieurs portions et pétrissez les ingrédients. Formez les boules de pâte, enveloppez-les dans du film alimentaire et mettez-les au frais pendant 2 heures.

Préchauffer le four à 175 degrés en haut et en bas. Recouvrez deux feuilles de papier sulfurisé. Sortez les boules de pâte du réfrigérateur, laissez-les monter à température ambiante et étalez-les entre les feuilles. Découpez les biscuits.

Faites cuire les biscuits pendant environ 10-13 minutes, selon leur taille et leur épaisseur. Laisser refroidir sur la plaque, car ils sont encore très tendres lorsqu'ils sont chauds. Décorez éventuellement les biscuits de manière supplémentaire (voir conseils).

Remarques

Au lieu du mélange de farine de riz et d'amidon alimentaire, vous pouvez également utiliser 250 grammes d'un mélange de farine sans gluten fini pour les biscuits .

Le xylitol est un excellent substitut sain du sucre, qui peut entraîner une indigestion en plus grande quantité chez les personnes sensibles, mais au début. Surtout pour les enfants, je préfère les biscuits avec du sucre ordinaire, du glucose, du sucre de canne ou similaire. à cuire.

Les biscuits ont un goût pur, avec divers ingrédients raffinés (voir recette), mais aussi fourrés de confiture ou enrobés de chocolat ou de citron.

Biscuits sains à la farine d'avoine sans sucre, beurre, farine, œuf

ingrédients

- Pour la recette de base
- 2 bananes bien mûres
- 160 grammes de flocons d'avoine tendre
- Affiner (facultatif)
- 80 g de fruits secs tels que des pr pr pr prunes ou des ab ab ab ab ab d'ab pour la 2ème vari vari vari pour la 2ème vari pour la 2ème vari pour la 2ème vari
- 2 cuillères à soupe de beurre de cacahuète croustillant ; pour la 1ère variante

préparation

Réduire en purée les bananes mûres jusqu'à obtenir une sauce fine. Préchauffez le four à 175 degrés en haut et en bas.

Pour la variante de base, il suffit de mélanger la mus avec les flocons d'avoine. Pour la variante au beurre de cacahuète, mélangez d'abord la noix de banane avec le beurre de cacahuète et, éventuellement, un peu de cannelle, puis ajoutez les flocons d'avoine. Pour la variante aux fruits secs, couvrez les fruits d'eau bouillante, laissez-les tremper quelques minutes et coupez-les en petits morceaux. Mélangez-les avec les flocons d'avoine sous la sauce à la banane.

Formez de petites boules et placez-les sur une feuille de papier sulfurisé. Aplatissez légèrement les biscuits avec vos mains ou une cuillère. Faites cuire au four pendant environ 15 minutes.

Stollen végétalien simple sans œuf, sans beurre et sans co

ingrédients

- Pour la pâte à la levure
- 500 gram gram gram gram gram gram gram de farine
- 40 grams of yeast 1 cube or 2 sachets
- 130 milliliters of almond milk or oat / soy

- 120 grammes de sucre
- 200 grams of margarine soft
- 1 1/2 cuillère à café de cannelle
- 1/2 cuillère à café de gingembre en poudre
- 1/2 teaspoon of grated orange peel
- 1 pinch of cardamom optional
- 1 pinch of cloves ground, optional
- 4 drops of bitter almond oil optional
- Pour le pétrissage
- 150 grams of raisins
- 100 grams of orange peel / citron
- 50 milliliters of orange juice or rum
- Chopped 50 grams of almonds
- 50 grams of marzipan raw material
- Pour la peinture
- 70 grammes de mar mar mar mar mar mar mar mar mar mar mar mar mar mar mar
- 60 grammes de sucre en poudre (indication brute)

préparation

Mélanger les raisins secs, le zeste d'orange, le citron et les amandes et ajouter le jus. Mettre de côté. Cette étape peut également être réalisée la veille au soir.

Emiettez la levure dans le lait d'amande tiède. Ajoutez une cuillère à café de sucre et remuez jusqu'à ce que la levure soit dissoute. Mettez la farine avec le reste du sucre dans un grand bol. Pressez au milieu d'un bol profond et versez le lait de levure. Couvrez avec un torchon et laissez dans un endroit chaud pendant 10 minutes.

Coupez le massepain en petits morceaux. Ajoutez la margarine et les épices dans le bol de mélange. Mélangez le tout, puis pétrissez pendant au moins 5 minutes. Enfin, incorporez le mélange de fruits secs trempés (enlevez l'excès de jus).

Couvrez la pâte dans un endroit chaud pendant environ 2 heures. Ensuite, formez un long et grand clou (voir conseil) ou placez la pâte dans un clou graissé d'une longueur d'environ 33 cm. Laissez à nouveau reposer pendant au moins une demi-heure.

Préchauffez le four à 175 ° C en haut et en bas. Faites cuire le stollen pendant 45-50 minutes. S'il devient trop foncé, couvrez-le à la moitié du temps.

La margarine est en train de fondre. Badigeonner les lentilles cuites encore chaudes avec la margarine et saupoudrer abondamment de sucre en poudre.

Les coquins à faible teneur en glucides sans farine ni sucre

ingrédients

- Pour la pâte
- 60 g de protéine en poudre neutre ou à la van de 60 g
- 80 grams of almond flour
- 70 grams of coconut oil or 90g butter
- 100 grams of xylitol or other sugar substitute
- 1 cuillère à café de levure chimique
- un peu d'eau
- Pour finir
- 4 teaspoons jam without sugar, bought or homemade

préparation

Préchauffer le four à 160 degrés en haut et en bas. Mélangez les ingrédients secs, puis ajoutez l'huile/le beurre. Ajouter progressivement un peu d'eau jusqu'à ce que la pâte colle quand on la presse.

Ensuite, étalez la pâte à plat, découpez-la avec la forme de biscuit souhaitée (j'ai pris un grand et un petit cœur) et mettez-la au four jusqu'à ce que les biscuits soient dorés (environ 10 minutes). Conseil : faites cuire les biscuits évidés et les biscuits entiers sur deux plaques différentes, car les biscuits évidés se font plus rapidement. Retirez les biscuits du four et laissez-les refroidir pendant environ 20 minutes.

Chauffer brièvement la confiture dans une petite casserole (ne pas la faire cuire). Enduisez les biscuits de ce mélange, posez les bords sur le dessus, attendez un peu que la confiture ait séché et dégustez !

Kipper vanille allégé sans sucre, sans noix et sans œuf

ingrédients

- 250 g de farine
- 100 grams of almonds ground and blanched
- 80 grams sugar sugar -free see tip

- 1 pincée de sel
- 1 pincée de bicarbonate de soude
- 0.25 teaspoon ground vanilla pod or vanilla pulp
- 1 normal egg yolk optional
- 100 grams of vanilla yogurt
- 100 grams of semi-fat butter
- Sucre vanillé pour retourner ou saupoudrer les Kipferl

préparation

Mélangez la farine, les amandes, le sucre, le sel, la levure chimique et la vanille. Ajouter les ingrédients humides - jaune d'œuf, beurre, yaourt - et pétrir avec les crochets à pâte, puis avec les mains pour obtenir une pâte lisse. Mettre au frais pendant au moins une heure.

Préchauffer le four à 170 degrés. Former des rouleaux à partir de la pâte brisée et couper des morceaux d'environ 4-5 centimètres de long avec une masse, qui seront ensuite façonnés en croissants (plus épais au milieu, extrémités pointues). Mettez-les sur 1-2 plaques de cuisson recouvertes de papier sulfurisé, en laissant toujours un peu d'espace entre elles.

Faites cuire les croissants à la vanille 10 à 15 minutes (selon la taille et l'épaisseur). Soit vous retournez le kipper cuit dans le sucre vanillé, soit vous le laissez refroidir et vous le saupoudrez ensuite de sucre en poudre.

Biscuits sains à base de farine complète, sans sucre ni beurre

ingrédients

- 300 grammes de fruits secs (abricots, pommes, prunes, ananas, etc.).
- 2 morceaux d'orange bio
- 4 gros œufs
- 150 grams of wholemeal spelled flour or whole wheat flour
- 3 cuillères à café de levure chimique
- 350 grams of almonds ground

préparation

Hachez finement le mélange de fruits secs. Lavez les oranges, frottez-les et pressez-en le jus. Faites tremper les morceaux de fruits dans le jus toute la nuit (au moins 3-4 heures).

Les fruits trempés avec un robot de cuisine o.ö. réduire en purée (attention, très collant !). Battre les blancs d'œufs en neige. Mélanger la purée de fruits et les jaunes d'œufs en alternance à faible vitesse avec le robot.

Préchauffer le four à 180 degrés en haut et en bas. Mélanger la farine avec la levure chimique et tamiser pour obtenir la masse.

Il peut rester une petite partie de la farine complète dans le tamis. Incorporer les amandes.

Former de petites boules de pâte avec les mains humides. Placez-les sur une plaque recouverte de papier sulfurisé et aplatissez-les légèrement avec les mains ou une fourchette. Faites cuire au four pendant environ 20 minutes.

Gâteau aux épices végétalien sans beurre, lait et œuf

ingrédients

- Pour la pâte
- 350 grammes de farine
- 130 grammes de sucre
- 1 pincée de sel
- 1,5 sachet de soda équivalent à 7,5 grammes
- 1 cuillère à soupe d'épices pour pain d'épices
- 1 cuillère à soupe de cannelle
- 10 grams of baking cocoa
- 350 milliliters of oatmeal or regular milk
- 50 grams of plum jam or your favorite jam

- Pour la décoration
- 150 grams of plum jam or your favorite jam
- 150 grams of bittersweet chocolate

préparation

Préchauffez le four à 200 degrés en haut et en bas. Graissez le moule et saupoudrez-le de farine ou recouvrez-le de papier sulfurisé. Vous pouvez également faire cuire le gâteau sur une plaque, mais il sera alors assez plat.

Mettez tous les ingrédients secs pour la pâte dans un bol. Fouettez le lait avec la confiture de prunes et ajoutez-y. Mélangez le tout brièvement jusqu'à l'obtention d'une pâte homogène. Si vous remuez la pâte trop longtemps, le gâteau peut devenir dur et gommeux.

Répartir la pâte à gâteau dans le moule et faire cuire pendant environ 25 minutes, selon la hauteur. Lorsqu'il est chaud, saupoudrer abondamment de confiture de prunes bien remuée. Ajouter la couverture fondue. Laisser refroidir et solidifier. A déguster de préférence frais.

Des biscuits au beurre complets plus sains à base de 3 ingrédients

ingrédients

- 250 grams of whole wheat flour spelled or wheat
- 70 grammes de sucre de fleur de coco en alternative au sucre complet ou muscovado
- 150 grams of butter cold and in small pieces

préparation

Mettez la farine et le sucre dans un bol. Ajoutez le beurre froid en petits morceaux et pétrissez avec les crochets à pâte, puis brièvement avec vos mains pour obtenir une pâte brisée lisse. Si nécessaire, utilisez 1-2 cuillères à soupe d'eau glacée si la pâte est trop friable.

Formez la pâte en deux boules et enveloppez-les dans du papier aluminium pendant au moins 30 minutes. Préchauffer le four à 175 degrés en haut et en bas. Recouvrez la plaque de papier sulfurisé.

Étaler la pâte en portions et découper ou presser dans des moules (en silicone). Étalez avec un peu d'espace sur la plaque et faites cuire au four pendant 10-15 minutes selon la taille ou l'épaisseur. Laissez bien refroidir, puis retirez de la plaque.

Excellents muffins sains à la farine complète avec du miel et des épices

ingrédients

- 120 gram gram gram du beurre de beurre doux
- 2 œufs de taille moyenne

- 100 grams of honey or rice syrup or agave syrup
- 240 grammes de farine complète épelée ou Type 1050
- 2 cuillères à café de poudre à lever de tartare
- 200 grams of sour cream
- 4 tablespoons of milk rough indication

préparation

Préchauffer le four à 180 degrés en haut et en bas. Battre le beurre mou avec les œufs jusqu'à ce qu'ils soient mousseux. Incorporer le miel ou un autre édulcorant.

Mélangez la farine avec la levure chimique, mélangez avec la crème fraîche et encore une fois 2 cuillères à soupe de lait sous la masse d'œufs. Utilisez autant de lait que possible jusqu'à ce que la pâte se détache de la cuillère.

Affinez la pâte comme vous le souhaitez et remplissez des moules à muffins. Éventuellement. Décorez, voir Conseils. Faire cuire au four pendant environ 25 minutes.

Remarques

Les muffins sont sucrés assez discrètement ; si vous les aimez plus sucrés, vous pouvez utiliser environ 30-40g de miel en plus.

La recette de base des muffins complets peut être merveilleusement modifiée, par exemple en ajoutant de la cannelle, de la vanille, du cacao ou du citron dans la pâte.

Si vous le souhaitez, vous pouvez épicer la pâte en incorporant des flocons de cacao, des fruits hachés, des fruits secs ou de la noix de coco râpée.

Celui qui commence par la cuisson propre ou Volwert-baking, peut d'abord remplacer seulement la moitié de la farine par de la farine complète ou Type 1050, pour l'autre moitié de la farine claire. La farine dite "complète légère" permet également de s'assurer que les muffins ne sont pas foncés au final.

Pour les bébés jusqu'à 1 an, le miel doit être remplacé par du sirop de riz ou du sirop d'agave.

Massepain

ingrédients

- Massepain classique
- 120 grams of almonds blanched and very finely ground
- 70 gram gram en de sucre en poudre
- 10 grams of rose water amount as needed
- 5 gouttes d'huile d'amande amère selon les besoins
- Massepain à faible teneur en glucides
- 120 grams of almonds blanched and very finely ground

- 70 grams of powdered sugar ground erythritol / xylitol
- 10 grams of rose water
- 5 drops of bitter almond oil
- Massepain entier
- 120 grams of almonds blanched and very finely ground
- 50 gram gram gram de miel
- 10 grams of rose water
- 5 drops of bitter almond oil

préparation

Mélangez les amandes avec le sucre en poudre ou le Xucker ou le miel. Ajoutez progressivement l'huile d'amande amère et l'eau de rose et pétrissez tous les ingrédients avec vos mains pendant quelques minutes jusqu'à ce que le mélange soit souple.

Former un rouleau de massepain, l'envelopper dans du film alimentaire et le mettre au réfrigérateur dans un récipient hermétique.

Remarques

Si vous n'avez pas besoin de la pâte d'amandes comme matière première pour la cuisson, mais que vous souhaitez la grignoter, par exemple, vous pouvez utiliser jusqu'à 100 g de sucre en poudre.

Les amandes déjà moulues sont plus sèches que les amandes fraîchement moulues. Si la pâte de massepain est encore trop sèche ou trop friable après le pétrissage, ajoutez éventuellement 0,5 cuillère à café d'eau et un peu plus d'eau de rose selon votre goût.

Vous pouvez également préparer le massepain chaud. Mettez tous les ingrédients dans une petite casserole, faites chauffer à feu doux et remuez bien avec une cuillère en bois pendant quelques minutes.

Autres variantes :

Pour le massepain sans sucre, en plus du sucre en poudre, 1,5 cuillère à soupe d'édulcorant ou un peu de stévia conviennent également .

Pour un massepain sans fructose, il suffit de préparer la variante complète, mais avec du sirop de riz au lieu du miel.

Pour un massepain écologique, vous pouvez également utiliser du sucre de fleur de coco au lieu du miel, de préférence sous forme de sirop de fleur de coco.

Faites vous-même du beurre de cacahuètes et de la pâte d'amandes sains

ingrédients

- 400 grams of nuts, kernels or almonds without salt
- 3-5 cuillères à soupe d'huile selon la consistance souhaitée
- 1-2 pinches of salt
- 2-6 cuillères à soupe d'édulcorant selon votre choix ; par exemple miel ou sucre de canne
- Épices, par exemple cannelle, cacao, piment.

préparation

Faites d'abord griller les noix, les cerneaux ou les amandes, si vous n'avez pas déjà acheté une variante grillée. Étalez les noix sur une plaque recouverte de papier sulfurisé et mettez-les au four à 175 degrés en haut et en bas pendant environ 8 minutes. Les noix commencent alors à sentir très bon. Veillez à ce qu'elles ne deviennent pas trop foncées !

Mettez les noix dans un robot culinaire ou un mixeur puissant. Hachez, mélangez et réduisez en purée en plusieurs étapes. Entre-temps, grattez plusieurs fois toutes les noix avec une cuillère ou un grattoir, afin que rien ne reste coincé sur les côtés.

Les noix sont d'abord hachées, puis moulues, puis transformées en pâte et enfin en Mus. Pour affiner, selon l'objectif et le goût à la fin de quelques cuillères à soupe de mélange d'huile neutre, ajouter des édulcorants et des épices. Remplir dans des verres propres.

Biscuits aux céréales sains : végétaliens, pauvres en graisses et croustillants

ingrédients

- Pour la pâte de base
- 120 grammes de sauce aux fruits, par exemple une compote de pommes ou de pommes et de fraises
- 90 grams of agave syrup or honey, maple syrup or rice syrup
- 2,5 cuillères à soupe d'huile de tourn tournesol
- 1 pincée de sel
- 1 pincée de vanille moulue
- 200 grammes de gruau tendre !
- 100 grams of flour best Type 550
- Affiner
- 40 grammes de fruits à coque, de graines ou d'amandes, par exemple des graines de tournesol ou de lin.

- 50 grammes de fruits secs, par exemple des canneberges, des cerises ou des abricots.
- 1 teaspoon of lemon juice optional

préparation

Préchauffez le four à 175 degrés en haut et en bas. Recouvrez deux plaques de papier sulfurisé. Mouillez les ingrédients humides - purée de fruits, édulcorant et huile.

Mélangez le reste des ingrédients secs et placez-les sous le brassage humide avec une cuillère en bois ou une spatule. Soit vous mélangez toute la quantité de pâte avec des fruits secs (hachés), des graines, des graines et du co, soit vous divisez et faites différents types de biscuits.

Formez des petites boules de la pâte avec vos mains ; si la masse est très humide, ajoutez simplement une cuillère à café de farine. Aplatissez les boules, par exemple avec une spatule, et répartissez les biscuits sur les plaques. Faites cuire les biscuits pendant 12 minutes, puis retournez-les et faites-les cuire pendant 10 à 12 minutes supplémentaires. Faites de même avec la deuxième plaque.

Pain aux bananes végétalien et chocolaté :

ingrédients

- 2 large bananas very ripe, 300g Mus
- 100 grammes de flocons d'avoine
- 70 grammes d'huile de noix de coco
- 1 cu cu cu cu cu à soupe vina vina vina de fruits
- 100 grams of coconut sugar or brown sugar
- 200 gram gram gram de farine
- 40 grams of baking cocoa
- 1,5 cuillère à café de levure chimique
- 1 cuillère à café de soda
- 1 pincée de sel
- 100 grammes de chocolat noir, par exemple Ritter Sport "The Fine" (61% de cacao)

préparation

Préchauffer le four à 175 degrés en haut et en bas. Graisser un petit moule à cake (18-20 cm) et le saupoudrer légèrement de cacao. Couper les bananes très mûres en petits morceaux et les réduire en purée. La pulpe pure doit représenter environ 300 g.

Hacher le chocolat. Mélangez tous les ingrédients humides, et enfin la sauce à la banane. Mélangez également les ingrédients secs. Ajouter l'humidité aux ingrédients secs et remuer brièvement mais vigoureusement. Incorporez les morceaux de chocolat.

Remplissez la pâte dans la forme préparée et lissez-la. Faites cuire le pain au chocolat et aux bananes pendant environ 55 minutes.

Gâteau aux pommes et aux carottes sain et sans sucre

ingrédients

- 100 grams of carrots very finely grated or grated, cleaned and weighed
- 100 grams of apples very finely grated or grated, cleaned and weighed
- 130 grammes de banane doivent être très mûres et sucrées.
- 1 œuf moyen
- 80 grams of Greek yogurt alternatively sour cream
- 40 g d'huile de noix de coco liquide, ou 60 g de beurre
- 2 cuillères à café de cannelle
- 1 morceau de gousse de vanille
- 1 pincée de sel
- 1 cuillère à café de jus de citron

- 130 grammes de farine, par exemple de la farine 630 épelée ou de la farine complète
- 1 cuillère à café de levure chimique

préparation

Râper ou râper la carotte et la pomme très finement. Réduire la banane en purée selon votre goût. Mettre de côté.

Préchauffer le four à 175 degrés en haut et en bas. Fouetter l'œuf avec le yaourt, incorporer l'huile de coco. Mélangez le reste des ingrédients secs et ajoutez-les aux ingrédients humides. Remuez brièvement, mais complètement. Enfin, incorporez les fruits préparés (mus).

Graissez le petit moule à charnière et saupoudrez-le de farine ou recouvrez-le de papier sulfurisé. Remplissez la pâte et lissez-la. Faites cuire le gâteau pendant environ 40 minutes. Se conserve mieux au réfrigérateur.

Gâteau au citron au sirop de riz : cuisiner sans fructose

ingrédients

- 70 grammes d'huile de noix de coco
- 2 œufs de taille moyenne
- 90 grams of rice syrup
- 4 cuillers à soupe de jus de citron
- 180 grammes de yaourt nature meilleur gras, 3,5%.
- 200 grammes de farine épelée brillante !
- 50 grammes de farine de riz alternativement juste 50 grammes de farine d'ép ép ép épeler en outre
- 1,5 cuillère à café de levure chimique
- 0,5 cuillère à café de soda
- 1 pincée de sel
- 3 cuillères à soupe de graines de pavot

préparation

Disposer le moule à gâteau en carton avec du papier sulfurisé ou le graisser et le saupoudrer de farine. Préchauffez le four à 180 degrés en haut et en bas.

Fouettez bien l'huile de noix de coco avec les œufs (la mousse, que l'on attend du beurre, ne fonctionne que partiellement avec la graisse de noix de coco). Incorporer petit à petit le sirop de riz, le jus de citron et le yaourt.

Mélangez les ingrédients secs, sauf les graines de pavot, dans un petit bol et incorporez-les progressivement aux ingrédients humides. Ajoutez enfin les graines de pavot. Versez la pâte dans le moule préparé, lissez-la et faites-la cuire pendant environ 40-45 minutes.

Pain complet de Styrie

ingrédients

- 1,5 kg de farine de seigle complète
- 500 g de farine de farine de blé complet
- 100 g de lev du sour sourd

- 1 cube de germe (40 g)
- 2 cuillères à soupe de sel
- 1-1,5 litre d'eau
- éventuellement 200 g de graines de lin
- Beurre (pour la forme)

préparation

- Pour le pain complet, dissoudre le levain dans un peu d'eau, incorporer environ 100 g de farine préchauffée et laisser reposer toute la nuit. Si nécessaire, faire tremper les graines de lin pendant une nuit dans 500 ml d'eau.
- Le lendemain, ajoutez dans le bol la farine, le sel, le levain, le germe dissous et éventuellement les graines de lin. Ajoutez de l'eau chaude, pétrissez bien pour obtenir une pâte et laissez-la reposer pendant environ 40 minutes.
- Si le volume a doublé, placez la pâte dans un moule graissé (ou faites un pain) et laissez reposer encore 5 minutes. Faites cuire dans le tube préchauffé à 180-200 ° C pendant environ 90 minutes à feu doux.

Pain aux fruits

ingrédients

- 400 g de Kletzen (prune séchée, cuite)
- 300 g de figues (séchées)
- 200 g raisins
- 100 g de noisettes (grossièrement hachées)
- 125 ml de Slibovitz (eau-de-vie de prunes)
- 1 cuillère à café de cannelle (moulue)
- Beurre (pour la plaque de cuisson)
- Farine (pour la plaque de cuisson)
- Pour la pâte à pain :
- 210 g of rye flour
- 120 g wheat flour
- 15 g de germe
- 6 g de sel
- 100 g de levain (voir conseil)

préparation

Coupez les mottes cuites molles (équeutées et sans bourgeons) ainsi que les cubes de figues et de crevettes. Les raisins secs, les noisettes grossièrement hachées (ou écrasées avec le Nudelwalker), le Slibovitz et la cannelle et mélanger toute la nuit. Pour la pâte, mélanger le germe avec environ 220 ml d'eau chaude. Ajoutez le levain, la farine de seigle, la farine de blé et le sel et laissez reposer pendant 15 minutes. Incorporez maintenant les fruits et formez la pâte en 2 réveils. Placez-la sur une plaque beurrée et farinée (ou sur une plaque à pâtisserie recouverte de papier sulfurisé) et laissez-la aller. Badigeonnez d'eau et faites cuire au four préchauffé à 200°C pendant environ 1 heure.

Orthographié Wachau-loaf

ingrédients

- 850 g de farine complète épelée (finement moulue)
- 150 g de farine de seigle complète (finement moulue)
- 700 g d'eau (35 ° C)
- 20 g de sel
- 30 g semi-fat margarine
- 50 g de germe
- 10 g of honey
- 10 g spice mixture
- 100 g de lev du sour sourd

préparation

- Pour les galettes Spelled Wachauer avec 300 g de farine spelled, 400 g d'eau, 50 g de germe et 10 g de miel faire un Vorteig et laisser ceci environ 20 minutes dans un endroit chaud bien couvert. Lorsque la pâte a doublé de volume, on ajoute tous les autres ingrédients et on les mélange pour obtenir une pâte. Laissez la pâte lever pendant environ 20 minutes et mélangez à nouveau vigoureusement.

- Répétez ce processus à nouveau, puis pesez des morceaux de pâte de 30 grammes chacun. Saupoudrez un peu de farine de seigle sur le plan de travail et travaillez les morceaux de pâte. Formez des galettes, placez-les sur une plaque à pâtisserie recouverte de papier sulfurisé et laissez-les fermenter pendant environ 40 minutes. Ensuite, faites cuire les galettes de Wachauer dans un four préchauffé à 220 ° C pendant environ 20 - 25 minutes.

Orthographié Vint

ingrédients

- 700 g de farine complète épelée (finement moulue)
- 300 g de farine de seigle complète (finement moulue)
- 750 g d'eau
- 10 g de fenouil (moulu)
- 20 g de sel
- 20 g de germe
- 100 g de lev du sour sourd

préparation

- Pour l'orthographe Vintschgerln, le germe, le sel et le levain se dissolvent dans l'eau et se mélangent aux autres ingrédients pour former une pâte. La pâte doit avoir une consistance molle. Laissez reposer pendant 20 minutes. Pétrir à nouveau vigoureusement et laisser reposer encore 25 minutes. Pétrir à nouveau vigoureusement et diviser en 16 morceaux égaux, travailler autour et laisser reposer pendant 5 minutes.
- Après cette courte période de repos, presser le vintschgerln avec la main plate dans de la farine de seigle et laisser fermenter pendant environ 40 minutes. Placez-les sur une plaque recouverte de papier sulfurisé et mettez-les dans le four préchauffé à 210 ° C et faites-les cuire à 160 ° C pendant environ 25 minutes.

Pain aux graines de citrouille

ingrédients

- Pour le levain :
- 40 g de Gerstl
- 40 ml d'eau (tiède)
- 100 g de farine de seigle (tamisée)
- 70 ml d'eau (tiède)

- Pour la pièce source :
- 80 g de farine de soja
- 120 g pumpkin seeds
- 150 ml d'eau (tiède)
- Pour la pâte principale :
- 580 g de farine de blé (tamisée)
- 350 g de farine de seigle (tamisée)
- 650 ml d'eau (tiède)
- 25 g de germe
- 25 g de sel
- 170 g de levain
- Graines de citrouille (à rouler)

préparation

Pour le levain, mélangez le Gerstel avec de l'eau tiède et laissez reposer recouvert d'un linge humide pendant 24 heures. Mélangez ensuite avec la farine de seigle et l'eau tiède et laissez reposer humide pendant 10 à 12 heures supplémentaires. N'oubliez pas de prendre un grattoir (environ 80 g) pour la prochaine pâte. Pour la pièce source, mélanger tous les ingrédients et laisser reposer pendant 10 à 12 heures. Pour la pâte principale, dissoudre le germe dans l'eau tiède. Mélanger avec le levain, le germoir et les autres ingrédients, en pétrissant lentement, puis en malaxant jusqu'à l'obtention d'une pâte lisse.

Laisser ensuite la pâte humide pendant 20 à 30 minutes. La couper en deux et la travailler. Humidifier la pâte avec de l'eau, incorporer les graines de citrouille, dans des moules à boîte ou des Simperl (paniers de fermentation) ronds et couvrir d'un linge humide 50 à 60 minutes dans un endroit chaud. Si vous utilisez des Simperln, versez les pains sur une plaque de cuisson préparée. Placez-la dans le four préchauffé à 250 °C, versez une tasse d'eau sur le fond du four et faites cuire pendant 60 minutes à la chaleur (180 °C).

Pain aux noix

ingrédients

- Pour le levain :
- 50 g de Gerstl
- 50 ml d'eau (tiède)

- 150 g de farine de seigle (tamisée)
- 100 ml d'eau (tiède)
- Pour la pâte principale :
- 300 g de farine de seigle (tamisée)
- 240 g de farine de blé (tamisée)
- 15 g de sel
- 10 g de germe
- 120 g de noix (coupées en deux)
- 400 ml d'eau (tiède)
- 250 g de lev levain

préparation

- Pour le pain aux noix, préparez d'abord le levain. Mélanger le Gerstel avec de l'eau et couvrir d'un linge humide pendant 24 heures.
- Ajouter ensuite la farine de seigle et l'eau, mélanger et laisser couvert d'un linge humide pendant encore 10 à 12 heures. N'oubliez pas de prendre un peu d'orge (environ 100g) pour le prochain pain.
- Pour la pâte principale, dissoudre le germe dans l'eau, mélanger avec le reste du levain et des farines. Après 1 à 2 minutes, saler et ajouter les noix à la fin du temps de mélange. Pétrissez le tout jusqu'à ce qu'une pâte lisse soit

formée. Couvrir d'un linge humide et laisser reposer pendant 40 à 50 minutes.
- Coupez ensuite en deux, formez deux pains et placez-les dans des Simperl (paniers de fermentation) ronds. Couvrez avec un linge humide pendant encore 50 à 60 minutes. Versez le pain sur une plaque préparée à cet effet, coupez-le une fois dans le sens de la longueur et enfoncez-le dans le four préchauffé à 240 °C. Versez une tasse d'eau dans le fond du four et faites cuire pendant 40 à 45 minutes à feu doux (180 °C).
- Laissez refroidir le pain aux noix terminé et dégustez-le.

Aigre naturel (levain)

ingrédients

- 400 g de farine de seigle (Type R960)
- 400 ml d'eau (tiède, environ 35 ° C)

préparation

- Pour la pâte aigre, bien mélanger 100 g de farine de seigle et 100 ml d'eau tiède. Couvrir pendant une nuit à température ambiante.
- Ajoutez 100 g de farine et 100 ml d'eau tiède à ce kit de pâte pendant les 3 jours suivants.
- Le quatrième jour, le levain maison est prêt.

Pain de seigle

ingrédients

- 400 g de lev lev du sourd
- 1 3/4 kg de farine de seigle
- 250 g wheat flour
- 160 ml d'eau (tiède, environ 40 ° C)
- 60 g de germe
- 40 g sel
- 40 g d'épices à pain (cumin, fenouil, anis, coriandre)
- Farine (pour la plaque de cuisson)

préparation

- Le levain pétrit bien tous les ingrédients. Couvrir et laisser reposer pendant 15 minutes.
- Divisez la pâte en morceaux individuels de la taille du pain souhaité (environ 500-600 g). Donnez-lui la forme souhaitée, badigeonnez-la d'un peu d'eau et laissez-la reposer pendant environ 35 minutes.

- Déposez ensuite le pain sur une plaque de cuisson farinée et faites-le cuire dans un four préchauffé à environ 240 ° C pendant 6 minutes.
- Pendant ce temps, mettez un bol d'eau dans le four. Réduisez ensuite la température à 185 ° C et faites cuire pendant environ 35 minutes.

Pain brun à grains entiers

ingrédients

- 1 1/2 kg de farine de seye
- 500 g de farine de farine de blé complet
- 100 g de lev du sour sourd
- 40 g de germe
- 2 cuillères à soupe de sel
    - 1/2 l d'eau

- 200 g de graines de lin (selon le goût, vorgewe dans 1/2 l d'eau pendant la nuit)

préparation

- Pour le pain brun complet, dissoudre la levure dans l'eau, l'incorporer à la farine préchauffée et laisser reposer toute la nuit. Ajouter le sel et le germe dissous et éventuellement les graines de lin dans le bol.
- Ajoutez de l'eau tiède et pétrissez bien pour obtenir une pâte et laissez-la reposer pendant environ 40 minutes. Si le volume a doublé, placez la pâte dans des boîtes en fer graissées ou façonnez-la en un pain et laissez-la reposer pendant environ 5 minutes.
- Faites cuire dans le tube préchauffé à 180-200 ° C pendant 1-1 1/2 heures avec la chaleur de fond. Pendant ce temps, il est préférable de mettre une tasse d'eau dans le tube. Le pain complet est prêt dès qu'il sonne creux lorsque vous le frappez.

Chevalier au Baileys avec pommes chaudes et glace à la rhubarbe

ingrédients

- 8 pièces. Petites tranches de pain au levain
- 1 pièce. Œuf
- 1 cuillère à soupe de farine
- 1 cuillère à soupe de sucre
- 3 tbsp Bailey's original
- 1 morceau de pomme
- 1 tsp chopped pistachios
- Beurre pour la friture
- Crème glacée à la rhubarbe (alternativement : crème glacée à la cerise)

préparation

- Le Chevalier Baileys avec pommes chaudes et glace à la rhubarbe avec des œufs, de la farine, du sucre et du Baileys Original préparer une pâte.
- Tournez les tranches de pain dans la pâte.
- Faites frire les tranches de pain trempées dans le beurre jusqu'à ce qu'elles soient dorées, puis transformez-les en sucre.
- Couper la pomme en tranches, la faire frire dans du beurre et saupoudrer d'un peu de sucre et de pistaches hachées.
- Disposez les tranches de pommes autour des chevaliers (le pain frit) et servez avec la glace à la rhubarbe.

Pain de kamut à l'avoine et au millet

ingrédients

- Pour 2 pains, environ 800 g :
- 30 g de sel
- 40 g de levure
- 600 ml d'eau
- 50 g de lev du sour sour sourd
- 850 g de Kamutvollkornmehl (finement moulu)
- 150 g whole oatmeal flour (ground medium coarsely)
- 100 g de millet (fraîchement moulu)
- Épice à pain (anis, fenouil, carvi, coriandre - selon le goût)

préparation

- Pour le pain kamut, dissoudre le sel et la levure dans l'eau, puis utiliser le levain et le reste des ingrédients pour obtenir une pâte assez souple.
- Laissez reposer pendant 45 minutes.
- Divisez en 2 morceaux de taille égale, travaillez autour puis formez un excitant.

- Rouler dans les flocons d'avoine ou le son d'avoine, placer dans des moules à pain.
- Laissez reposer pendant encore 45 minutes.
- Préchauffez le four à 250°C, placez un récipient avec de l'eau.
- Ajoutez le pain et retournez à 180 ° C après 3 minutes.
- Laissez refroidir le Kamutbrot avant de le couper en bonnes tranches.

Pain au levain avec des courgettes

ingrédients

- Pour la pré-pâte :

- 700 ml d'eau
- 2 cuillères à café de ferment de cuisson
- 2 1/2 cuillères à soupe de base
- 650 g of rye flour
- Pour la pâte principale :
- 950 g of rye flour
- 750 g wheat flour
- 200 g sunflower seeds
- 100 g of sesame seeds
- 100 g de graines de lin
- 250 ml d'eau
- 2 cuillères à soupe de grains de coriandre
- 1/2 tbsp fennel seeds
- 1/2 tbsp anise
- 1 tbsp caraway
- 1 kg de courgettes
- 2 cuillères à soupe de sel

préparation

- Pour le pain au levain aux courgettes, préparez la pré-pâte le soir : mélangez l'eau tiède avec le mélange de base et la fermentation boulangère. Ajoutez la farine de seigle et mélangez bien. Couvrir d'un bonnet et laisser dans un endroit chaud (environ 30°C, éventuellement bol à côté ou sous une lampe) toute la nuit.
- Le lendemain, ajouter le sel à l'eau tiède et l'ajouter à la pâte avec la farine de seigle, la farine de blé et toutes les épices. Pétrissez bien.
- Lavez, séchez et râpez les courgettes. Mélangez-les à la pâte. Remplissez la pâte dans environ 3 moules à boîte - les moules ne doivent être remplis qu'à moitié, la pâte doit encore lever. Couvrez les moules et laissez la pâte lever dans un endroit chaud (environ 30°C).
- Couvrez les moules à boîte avec du papier d'aluminium et faites cuire le pain dans un four préchauffé à 210 ° C en haut et en bas pendant 1 heure. Retirez la feuille d'aluminium et faites cuire le pain pendant 30 minutes supplémentaires. Laissez ensuite le pain reposer pendant 15 minutes dans le four éteint.
- Le pain au levain et aux courgettes est à démouler et à déguster.

pain de mie

ingrédients

- Pour la pâte :
- 300 g of rye flour
- 700 g spelled flour
- 2 paquets. Germe sec
- 30 g de levure (du Packerl)
- 2 cuillères à café de sel (prélevées)
- 750 ml d'eau (tiède)
- Pour l'incorporation :
- 3 morceaux d'oignon (haché)
- 1 cuillère à soupe d'olives (noires, hachées)
- 1 cuillère à soupe de romarin (haché)
- 5 cuillères à soupe de cerneaux de noix (hachés)
- 1 poignée de raisins Uhudler (évidés)
- 100 ml d'UhuRed (voir conseil)

préparation

- Pour les ingrédients de la pâte - sauf pour l'eau - mélangez bien et travaillez ensuite l'eau. Laissez la pâte reposer pendant environ 2 heures dans un endroit chaud.
- Faire mijoter lentement les oignons, les olives, le romarin et les noix dans le mélange beurre-huile d'olive et ajouter le uhu-rouge. Laisser mijoter pendant quelques minutes puis laisser refroidir la masse.
- Mélangez la pâte avec le mélange d'oignons et les raisins, puis salez.
- Formez les galettes et faites cuire les Uhudlertraubenbrot pendant environ 80 minutes à 180 ° C (placez le bol avec l'eau dans le four).

Pain épicé du fermier

ingrédients

- 60 g de lev lev lev lev du sour sour sour sour sour sour sour sour
- 250 ml d'eau (tiède)
- 400 g of wholemeal rye flour

- 200 g of wholemeal rye flour
- 200 g de farine de blé complet
- 2 cuillères à café de sel de mer (prélevées)
- 1 cuillère à soupe de cumin (entier)
- 1 cuillère à café de coriandre (entière)
- 1 cuillère à café d'anis (entier)
- 1 cuillère à café de fenouil (entier)
- 1/2 cuillère à café de cardamome (moulue)
- 375 ml d'eau (tiède)
- 100 g de farine (pour saupoudrer)

préparation

- Pour le pain épicé du fermier, dissolvez le levain dans un demi-litre d'eau tiède et incorporez la farine de seigle (de préférence fraîchement moulue). Couvrez-le à environ 30 ° C dans le four pendant au moins 1 heure pour fermenter.
- Mélanger le reste de la farine de seigle et de blé dans un bol avec les épices. Pressez au milieu de la farine un puits, ajoutez le Vorteig et mélangez le tout.
- Pétrissez vigoureusement en ajoutant de l'eau tiède ; pendant au moins 15 minutes, jusqu'à ce que la pâte se détache du bol.
- Saupoudrer de farine complète et laisser reposer pendant environ 2 heures dans un endroit chaud (four 30 ° C).

- Si la pâte a grossi de moitié environ et présente de petites fissures à la surface, pétrissez-la à nouveau sur un plan de travail fariné.
- Formez ensuite une boule et placez-la avec la pâte bien fermée dans le moule.
- Faites une croix au milieu avec un petit couteau et couvrez à nouveau à feu constant pendant environ 45-60 minutes. Saupoudrez avec le reste du cumin.
- Si la pâte a augmenté de taille et que de petites fissures apparaissent à nouveau à la surface, vous pouvez cuire le pain. Arrosez d'abord le pain dans le moule avec un peu d'eau.
- Le temps de cuisson dans la friteuse à air chaud Philips Airfryer dure 10 minutes à 200 °C, puis environ 25 minutes à 180 °C.
- Le pain brun épicé Retirer et arroser immédiatement d'un peu d'eau froide. Placez-les sur une grille et laissez-les refroidir.

Pain à la bière

ingrédients

- 225 g wheat flour
- 150 ml de bière brune (ou de bière de malt)
- 75 g de lev lev du sourd
- 10 g de levure
- 1 cuillère à soupe de sel
- Pour le levain de seigle :
- 75 g of rye flour
- 75 ml d'eau (tiède)

préparation

- Préparez d'abord le levain pour le pain à la bière.
- Pour la pâte aigre, mélanger la farine de seigle et l'eau tiède et laisser couvert pendant 12 heures dans un endroit chaud.
- Pour la pâte, éliminer la levure et le sel dans 3 cuillères à soupe de la bière brune jusqu'à ce que des bulles se forment. Mélanger le levain avec la farine de blé et le reste de la bière brune et pétrir pendant 8 minutes.
- Couvrez la pâte et laissez-la dans un endroit chaud pendant 1 à 2 heures. Mettez la pâte sans la pétrir directement dans le plat de cuisson de la friteuse ou

formez un pain et placez-le sur du papier sulfurisé dans l'insert de la grille.

- Faites cuire la pâte à pain dans la friteuse à air chaud préchauffée à 200 ° C pendant 5 minutes. Réduisez ensuite la température à 180 ° C et faites cuire pendant 25 minutes supplémentaires.
- Le pain à la bière est tartiné de temps en temps avec un peu d'eau, afin qu'une croûte brillante puisse se former.

Pain à la citrouille et à la sauge

ingrédients

- 250 g de potiron (variété ferme, Hokkaido ou Yellow Zentner)
- huile d'huile d'olive
- 8 feuilles de sauge
- 500 g de farine de blé (plus quelque chose pour le plan de travail)
- 35 g de lev lev lev lev lev du (liquide, acheté ou même reconnu)
- 10 g de levure (fraîche)

- 10 g de sel
- Semoule de maïs (à saupoudrer)
- Huile d'olive (pour graisser)

préparation

- Pour le pain de potiron à la sauge, évider le potiron, le peler et le couper en cubes d'environ 2 cm. Faites sauter les cubes de courge dans l'huile d'olive, ajoutez environ 100 ml d'eau et couvrez les cubes à feu moyen pendant environ 5 minutes jusqu'à ce qu'ils soient à moitié cuits. Égoutter et laisser refroidir.
- Laver, sécher et couper grossièrement les feuilles de sauge. Tous les ingrédients, sauf le potiron, la sauge et le sel, dans le bol d'un robot culinaire muni de crochets à pâte. Ajouter progressivement 270-300 ml d'eau chaude tout en pétrissant au niveau le plus bas. La pâte doit être humide, mais une fois qu'elle est lisse, elle se détache du bord du bol. Pétrissez pendant 5 minutes au niveau le plus bas, puis 3 minutes à un niveau moyen. Ajoutez les autres ingrédients et pétrissez pendant 2 minutes supplémentaires. La pâte est un peu collante.
- Mettez la pâte dans un bol graissé à l'huile d'olive et laissez-la couverte pendant 2 heures. Après 1 heure et 1 heure, repliez chaque pâte dans le bol avec une spatule.

- Préchauffez le four à 250°C (circulation d'air non recommandée). Ce faisant, préchauffez une pierre à pizza ou une plaque à pâtisserie renversée et un bol d'eau allant au four. Travaillez la pâte sur un peu de farine. Placez-la avec la couture vers le bas dans un panier de fermentation fariné ou dans un plat conçu avec un torchon de cuisine fariné et laissez-la lever jusqu'à ce que le four ait chauffé.
- Posez la miche de pain sur une planche saupoudrée de fécule de maïs. Arrosez-la d'eau, saupoudrez-la de semoule et coupez-la profondément en croix. Retirez le bol d'eau du four et poussez la miche sur la pierre à pizza ou la plaque. Après 15 minutes, réduisez la température à 220 ° C et faites cuire le pain pendant 20 minutes supplémentaires. Faites un test de frappe pour voir si le pain a fini de cuire.
- Laissez le pain au potiron et à la sauge refroidir complètement sur une grille.

Pain de Grammel au fenouil

ingrédients

- 400 g spelled flour (D700)
- 200 g de farine de blé complet
- 12 g de sel
- 2 cuillères à café de graines de fenouil (séchées)
- 1 germe ; 1 cube
- 0,5 cuillère à café de sucre
- 350 ml d'eau (chaude)
- 2 cuillères à soupe de levain de blé (mou)
- 200 g cracklings
- 50 g de cacahuètes (salées)
- 1 forme de boîte (30 cm)

préparation

- Mélangez d'abord les deux types de farine avec le sel et les graines de fenouil dans un saladier, pressez une cuvette au milieu et émiettez-y le germe. Mélangez avec le sucre, 6 cuillères à soupe d'eau et un peu de farine du bord à la vapeur et laissez reposer pendant environ 15 minutes jusqu'à ce que des bulles se soient formées.

- Remuez la vapeur avec toute la farine, puis ajoutez le reste de l'eau et le levain et remuez avec les crochets de pétrissage du batteur à main ou du robot de cuisine pendant environ 5 minutes jusqu'à ce que la pâte soit lisse.
- Ajoutez les brindilles et les cacahuètes et mélangez à vitesse lente, puis placez la pâte dans la boîte en fer graissé et couvrez avec le torchon pendant 2 heures dans un endroit chaud.
- Placez un récipient plat allant au four rempli d'eau froide dans le fond du four froid et préchauffez le tube à 250°C. Poussez le pain dans le tube chaud, passez le tube à 200°C et faites cuire le pain pendant 30 minutes, puis à 180°C pendant encore 30 minutes. Démoulez sur la plaque et laissez reposer pendant 10 minutes dans le four, puis retirez et laissez refroidir le pain grillé au fenouil sur une grille.

Torsion de moutarde

ingrédients

- 128 g de farine de seigle (type 997)
- 320 g de farine de blé (de type 550)
- 365 g de levain à un stade (levain de Weinheimer)
- 128 g de moutarde (moyennement piquante)
- 13 g de sel
- 19 g de levure de boulangerie (fraîche)
- 16 g de poudre de cur cur cur cur cur cur pour la poudre de cur en poudre
- 1 pincée de poivre
- 214 ml d'eau (environ 30 ° C)
- Farine (pour travailler)
- 50 g de moutarde (pour badigeonner)
- 150 g sesame seeds (to sprinkle)

préparation

- Pour les torsades à la moutarde, versez d'abord la farine de seigle avec la farine de blé, le levain, la moutarde, le sel, la levure, le curry, le poivre et l'eau dans le pétrin, mélangez en marche lente pendant 6 minutes et pétrissez pendant 4 minutes en marche rapide (température de la pâte 26 à 28°C). Couvrir d'un linge de boulangerie et laisser reposer à température ambiante pendant 45 minutes.

- Mettez la pâte sur le plan de travail légèrement fariné, divisez-la en deux portions et travaillez-la en rond. Divisez les morceaux de pâte au milieu et formez un brin de pâte légèrement conique d'environ 40 cm chacun. Ficeler deux brins de pâte, enduire la surface de moutarde et rouler dans le sésame. Placez-les à l'envers dans les paniers de fermentation et laissez les pains reposer couverts à température ambiante pendant 1 heure à 1 heure 15 minutes. Préchauffez le four avec la brique insérée (tiers inférieur) à 250 ° C chaleur supérieure et inférieure.
- Versez les pains sur du papier sulfurisé, placez-les sur la brique chaude avec le papier, faites-les cuire à la vapeur (en alternative, versez une tasse d'eau bouillante sur un moule préchauffé et refermez immédiatement la porte du four). Après 2 minutes de cuisson, ouvrez un peu la porte du four pour permettre à la vapeur de s'échapper (il est préférable de coincer une cuillère en bois entre la porte et le bord supérieur du four). Après 5 minutes, refermez la porte du four, après 10 minutes supplémentaires, réduisez la température du four à 180 °C et faites cuire les pains en 25 à 30 minutes. Dans les 10 dernières minutes avant la cuisson, ouvrez à nouveau la porte du four d'un interstice (toujours à l'aide d'une cuillère de cuisine).

Ver du chou rouge

ingrédients

- 35 g sunflower seeds
- 170 g de chou rouge (cru)
- 14 g de sel
- 450 g de farine de blé (type 550)
- 115 g spelled wholemeal flour
- 30 g de lev levain à une étape (levain de Weinheimer)
- 5 g de levure de boulangerie (fraîche)
- 380 ml d'eau (10°C)
- Huile (pour le bol)
- Farine (pour travailler)

préparation

- Pour l'escargot de chou rouge, faire d'abord griller les graines de tournesol dans une poêle enduite jusqu'à ce qu'elles soient dorées, puis laisser refroidir. Nettoyer le chou rouge, couper des lanières d'environ 4 mm d'épaisseur et les pétrir vigoureusement à la main avec 3 g de sel dans un bol, de manière à faire ressortir le jus.

Pétrissez ensuite les graines de tournesol et laissez-les tremper pendant 30 minutes.

- Mettez la farine de blé avec la farine complète, le levain, la levure, le reste du sel et l'eau dans le pétrin, mélangez en vitesse lente pendant 4 minutes et pétrissez pendant 6 minutes en vitesse rapide. Si la pâte est lisse et bien pétrie ("test de la fenêtre"), ajoutez le chou rouge et pétrissez en vitesse lente pendant environ 1 minute. Badigeonnez un bol d'huile, ajoutez la pâte, couvrez-la de linge de boulangerie et laissez-la reposer pendant 45 minutes à température ambiante. Pliez une fois la pâte dans le bol, couvrez-la d'un film alimentaire et laissez-la reposer au réfrigérateur pendant environ 15 heures.

- Le jour de la cuisson, sortez la pâte du réfrigérateur et laissez-la reposer à température ambiante pendant 30 minutes. Préchauffez le four avec la brique insérée (tiers inférieur) à 260 ° C en faisant circuler l'air. Placez délicatement la pâte sur le plan de travail fariné et séchez-la légèrement par le dessus. Former délicatement une pâte allongée et la diviser dans le sens de la longueur en deux brins égaux. Rouler chaque brin avec le côté fariné vers l'intérieur, le placer avec le motif de la vis vers le haut sur une plaque de cuisson avec du papier sulfurisé et l'enduire d'un peu de farine. Couvrir avec un linge de boulangerie et laisser les pâtons reposer pendant environ 15 minutes à température ambiante.

- Tirez les tranches de chou rouge avec le papier sulfurisé sur la brique et faites-les cuire à la vapeur (sinon, versez 1 grande tasse d'eau bouillante sur une plaque de cuisson préchauffée ou dans le bas du four et refermez immédiatement la porte du four). Faites cuire le pain pendant 10 minutes, puis réduisez la température du four à 230 ° C et faites cuire le chou rouge pendant encore 35 minutes environ. Retirez et laissez refroidir complètement sur une grille.

pain de campagne

ingrédients

- 150 g Liquid natural sourdough health food store
- 42 g de germe frais ; ou 2 Pk de levure sèche
- 650 g de farine de blé (Type 550)
- 350 g de farine de seigle (Type 1370)
- 25 g de sel

préparation

Mélangez le levain, le germe et 500 ml d'eau tiède. Ajouter les deux types de farine et le sel dans un bol approprié, le mélange au levain et pétrir avec les crochets à pâte du mixeur ou éventuellement dans le robot de cuisine.

Pétrissez sur la surface farinée pendant 7 à 10 minutes jusqu'à ce que la pâte soit souple et lâche. Placez-la dans un saladier recouvert de film alimentaire dans un endroit chaud pendant 2 heures pour qu'elle double de volume.

Diviser la pâte en 2 portions, bien pétrir et former des pains oblongs. Placez-les sur une feuille farinée, coupez-les en longueur et couvrez-les d'un baudrier fariné. Laissez reposer encore 2 heures.

Dans le four chaud à 250 ° C (gaz 5, air circulant 230 ° C) sur la 2e lame à partir du bas, en plaçant une plaque profonde avec de l'eau chaude bouillante sur le fond du four. Réduire la température sur place à 200 ° C (gaz 3, air circulant 180 ° C), cuire pendant 15 min. Réduisez ensuite à nouveau à 170°C (gaz 1-2, air circulant 150°C) et faites cuire pendant 50 min.

Pain aux céréales - d'après l'art néerlandais

ingrédients

- Pour le levain de seigle :
- 50 g de levain d'approche (voir recette ;. préalablement rafraîchi 8 heures)
- 225 g d'eau (tiède)
- 225 g of rye meal
- Grains trempés :
- 70 g de seigle (en grains)
- 130 g d'eau (bouillante)
- Pour le morceau source :
- 105 g of rye meal
- 11 g de sel
- 105 g d'eau (température ambiante)
- Pour la pâte à pain :
- Pièce source (masse entière)
- Grains (gonflés, eau versée)
- Farine de seigle (substitut de levain, masse entière)
- 195 g d'eau (tiède)
- 260 g of rye meal
- 36 g sunflower seeds
- 25 g of rye flour

- 1 cuillère à café de poussière sèche
- Farine de seigle (pour saupoudrer)

Préparation

- Pour le pain aux céréales, la veille au soir, préparer un levain de seigle et un morceau de ressort et blanchir les grains de seigle (échaudage). Le lendemain, pétrissez le levain avec les grains gonflés, le morceau de printemps et les autres ingrédients.
- Former le pain et le laisser reposer pendant environ 1 heure et demie. Faites cuire le pain au four pendant environ 3 heures, laissez-le refroidir et coupez-le au plus tôt le lendemain.
- Pour le levain de seigle :
- Laissez le mélange de levain dans l'eau, puis ajoutez la farine de seigle. Couvrez avec du film alimentaire pendant 8-12 heures.
- trempé :
- Mélangez les grains de seigle avec l'eau bouillante. Couvrez avec du film alimentaire pendant 8 à 12 heures.
- Houle : Seigle, sel et eau.
- Couvrez avec du film alimentaire pendant 8 à 12 heures.
- Pâte à pain :

- Egoutter l'excès d'eau des grains de seigle. Mélanger les grains de seigle, le morceau source et le levain avec l'eau.
- Mélangez la farine de seigle, la farine de seigle, les graines de tournesol et les aliments secs dans le bol du robot. Ajoutez le mélange de levain et mélangez à la vitesse la plus basse.
- Au départ, la pâte sera très granuleuse comme du sable mouillé, mais après un peu de pétrissage, elle sera collante, pâteuse et plus cohérente. La pâte est prête à être pétrie au bout d'une demi-heure environ si elle est très collante et se tient bien.
- Bien beurrer un moule à caisson (26 cm de long). Grattez la pâte dans le moule. Mettez un peu d'eau dans le moule en argile maintenant vide, humidifiez vos mains avec cette eau et étalez la pâte dans le moule.
- Couvrez avec du film alimentaire et laissez reposer pendant 1 heure et demie jusqu'à ce qu'il atteigne le haut de l'appareil.
- En temps utile, préchauffez le four avec une grille sur le rail du milieu à 205 ° C.
- Sortez le pain du moule après la cuisson. Les côtés doivent réagir élastiquement à la pression, mais le pain ne deviendra pas très brun. Laisser refroidir sur une grille, puis mettre dans un sac en plastique et couper au plus tôt un jour plus tard.

Pain de graines de tournesol au levain de seigle

ingrédients

- Sourdough :
- 200 g de farine de seigle Type 1150 (Original : seigle moyen)
- 160 g g d'eau
- 10 g ripe sourdough culture
- Soaker :
- 167 g de farine de seigle (Petra : moyenne)
- 167 g d'eau
- Pâte finale :
- 633 g de farine de blé (Type 550)
- 200 g roasted sunflower seeds *
- 473 g d'eau
- 21 g de sel
- 15 g de germe (frais)
- 15 g de sirop de malt
- 334 g pièce gonflante (masse supérieure entière)
- 360 g de levure (masse supérieure moins 10 g)

préparation

- Sourdough : préparer le sourdough à partir des ingrédients indiqués et le faire mûrir à 21°C pendant 14-16 heures.
- Pièce source : faire le brassage en même temps. Arroser la farine de seigle avec l'eau. On peut ajouter tout ou partie du sel pour éviter une activité enzymatique indésirable.
- Pâte : Tous les ingrédients dans le bol du moule du robot, ainsi que les graines de tournesol grillées. Pétrir au niveau 1 pendant 3 minutes, en vérifiant l'hydratation. La pâte doit être modérément lâche et un peu collante. Pétrissez ensuite au niveau 2 pendant 3 minutes supplémentaires. La pâte doit avoir un peu de "muscle" lorsque vous la tirez et lui donner un peu de résistance pour l'écarter.
- Température souhaitable de la pâte 25, 5 degrés.
- Former la pâte dans un plat de cuisson huilé et couvrir pendant 1 heure (sans plier).
- Divisez la pâte en 2 parties et formez des pains allongés ou ronds.
- Dernière marche : 50-60 min. A 26, 6 degrés
- Cuisson au four : à la vapeur normale à 240°C pendant 15 min, puis réduire la chaleur à 220°C et cuire encore une demi-heure.

Pain de seigle et de blé

ingrédients

- 600 g de farine de seigle (Type 1150)
- 1 cu.à c. de vina vina vina vinaigre de c c c c de pomme
- 2 cuillères à café de temps de séchage
- 250 g de farine de farine de blé de type 812
- 0,25 Germe (frais)
- 1 cuillère à café de miel
- 1 cuillère à café d'épices à pain
- 1 cuillère à soupe de sel
- eau

préparation

- 1er jour le soir : appliquer du levain
- Mélangez 350 ml d'eau, 1 cuillère à soupe de vinaigre de cidre et 2 cuillères à café de sel sec avec le fouet jusqu'à obtenir une pâte lisse. Pétrissez 350 g de farine de seigle avec les crochets à pâte du mixeur. Lissez la pâte à l'aide d'une cuillère humide et couvrez-la d'une feuille d'aluminium jusqu'au prochain midi. 20 à 25 ° C suffisent. Elle devrait bien bouillonner maintenant.
- 2ème jour à midi : début de l'Allemagne - Dampfl

- Mélangez un quart de cubes de levure dans 125 ml d'eau tiède avec 1 tl de miel et laissez reposer pendant 10 minutes, versez à 250 g de farine de blé, mélangez doucement et laissez reposer pendant 30 minutes.
- 2ème jour : finir la pâte à pain
- Mélangez ce germe à la vapeur brièvement et à la forme aigre-douce.
- Ajouter 250 g de farine de seigle, 1 cuillerée de sel, 1 cuillerée à café d'épices à pain et 50 ml d'eau. Pétrir dans le robot pendant 15 min. Marchez pendant 1 heure jusqu'à ce que la pâte ait approximativement doublé.
- Entre-temps, faites un moule en forme de boîte avec du beurre et saupoudrez de farine ou de graines de sésame.
- Note : J'utilise un moule à pain de Römertopf, poreux à l'extérieur et glacé à l'intérieur.
- Maintenant, pétrissez à nouveau la pâte à la main, façonnez-la en un pain et mettez-le dans le moule, découpez-le à plusieurs reprises et badigeonnez-le d'eau.
- Maintenant, placez-les dans un bain d'eau chaude à 40°C, couvrez-les d'un harnais et laissez-les pendant encore 30 minutes.
- 2ème jour : enfin la cuisson.
- Placez le moule dans le four froid avec un bol d'eau chaude bouillante. Réglez à 200 degrés et faites cuire pendant 45 minutes.

- Badigeonnez le pain d'eau et faites-le cuire pendant 5 minutes supplémentaires. Éteignez ensuite la cuisinière et laissez le pain pendant 15 minutes dans la cuisinière froide.

Pain de seigle avec des flocons d'avoine

ingrédients

- 50 g de seigle (grainé)
- 125 ml d'eau ((1))
- 300 g of whole rye flour
- 350 g de farine de blé complet
- 1 cuillère à café de cumin (moulu)
- 1 cuillère à café de coriandre
- 1 cube de germe
- 100 ml d'eau ((2))
- 300 ml d'eau ((3))
- 150 g Paquet. Levain naturel du magasin d'aliments naturels
- 1 cuillère à café de sel
- 50 g de flocons d'avoine (pâteux)
- Graisse (pour la forme)
- Forme de boîte de 1500 ml

préparation

- Grains de seigle dans l'eau (1), laisser lever et remuer avec le couvercle fermé pendant 15 minutes, puis refroidir. Mélanger la farine avec les épices dans un bol à pâtisserie. Faire une dépression au milieu, émietter les

grains et les mélanger avec de l'eau tiède (2) pour former une vapeur.
- Couvrir dans un endroit chaud pendant 15 minutes. Sourdough, eau tiède (3), ajouter les grains de seigle et le sel. Pétrir les ingrédients à l'aide des crochets du batteur pour obtenir une pâte lisse et laisser reposer environ 30 minutes. Formez la pâte en un rouleau, incorporez les flocons d'avoine.
- Graissez la forme de la boîte, remplissez la pâte et avec le couvercle fermé, allez-y pendant 10 minutes. Faites cuire le pain dans le four chauffé à 225 degrés sur la 2e barre en partant du bas pendant 50 à 55 minutes. Laissez refroidir sur une grille.
- Conseil : Utilisez toujours des épices aromatiques pour affiner vos plats !

Gâteau tarte alsacien

ingrédients

- 500 g de levain
- 2 oignons (hachés, gros)
- 60 g de lard fumé (en dés)
- 30 g butter
- sel
- noix de muscade
- poivre
- 500 ml de crème crème crème
- 1 cuillère à soupe d'huile

préparation

Battre la pâte très finement et la déposer sur une feuille farinée. Faites brièvement revenir les oignons et le lard dans le beurre, assaisonnez de sel, de noix de muscade et de poivre fraîchement moulu. Mélangez les oignons et le lard avec la crème et répartissez-les uniformément sur la pâte. Arrosez le tout d'huile et faites-le cuire dans une poêle très chaude pendant environ 10 minutes.

conseil : utilisez un lard au goût prononcé - pour donner à ce plat une touche spéciale !

Pain mixte de seigle bavarois

ingrédients

- 250 g de lev lev levain
- 500 ml d'eau (tiède)
- 550 g de farine de seigle (Type 1370)
- 450 g de farine de blé (type 550)
- 5 cuillères à café de sel
- 1 cuillère à soupe de cumin (moulu)
- 1 c.à.s. de fenêtre
- 1 cuillère à soupe de coriandre (moulue)

préparation

- Mélangez le levain avec 1/4 de litre d'eau tiède et 4 litres de farine de seigle. Couvrez pendant une nuit à 26-30 degrés.
- Le reste du sel, la farine de seigle, la farine de blé et les épices pour former le levain. Réaliser une pâte lisse avec tous les ingrédients et la pétrir avec les mains pendant 10-15 minutes. Couvrir le bol de pâte avec un cintre de vaisselle. Allez à 26-30 ° C pendant 2 heures.
- Pétrissez à nouveau la pâte avec vos mains pendant 10 minutes supplémentaires. Formez un pain oblong à partir de cette pâte. Laissez reposer le pain pendant 2 heures.
- Faites cuire le pain au mélange de seigle dans le four chauffé sur un plateau central à 225 ° C pendant 60-70 minutes.
- Conseil : Utilisez toujours des épices aromatiques pour affiner vos plats !

Pain de seigle avec graines de tournesol

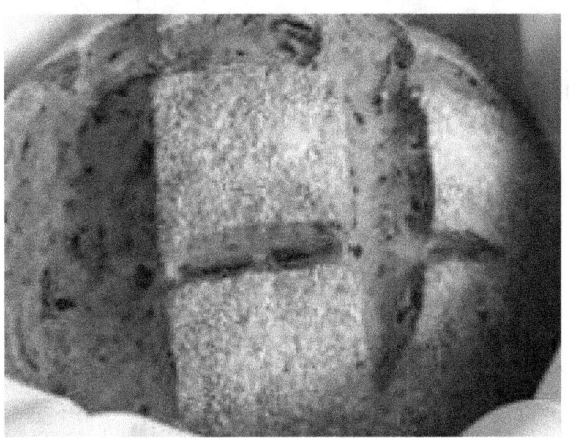

ingrédients

- 400 g of rye flour
- 250 g wheat flour
- 42 g de germe (frais)
- 1 cuillère à café de sucre
- 150 g de levain naturel (en sachet ou à préparer soi-même)
- 2 cuillères à café de sel
- 100 g sunflower seeds
- Farine (pour former)
- 5 cuillères à soupe d'eau (tiède)
- 350 ml d'eau (tiède)

préparation

- Mélangez la farine de seigle et de blé dans un bol. Pressez une auge au milieu.
- Mélangez le germe dans une tasse avec 5 cuillères à soupe d'eau tiède et du sucre pour obtenir une bouillie. Mettez-la dans le moule à farine et, avec le couvercle fermé, laissez-la lever pendant 15 minutes dans un endroit chaud jusqu'à ce que le germe jette des bulles.
- Ajoutez 350 ml d'eau, le levain, le sel et les graines de tournesol et pétrissez bien la pâte avec les crochets du batteur à main.
- Laissez la pâte avec le couvercle fermé pendant 45 minutes. Pétrissez à nouveau et formez un pain ou mettez-le dans un panier en osier fariné pour obtenir une forme différente.
- Laissez dans un endroit chaud pendant une demi-heure jusqu'à ce que la circonférence ait approximativement doublé. Ensuite, placez-les sur du papier sulfurisé.
- Si vous laissez le pain dans un panier en osier, vous le faites tomber, lorsqu'il a doublé, sur une feuille recouverte de papier sulfurisé.
- Faites cuire au four pendant environ 60 minutes à 200 ° C.

Pain au levain à base de farine complète et de farine de seigle

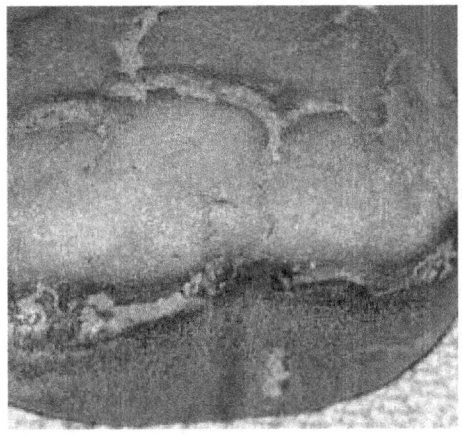

ingrédients

- 250 g de lev lev levain
- 1000 g de farine de blé complet
- 500 g of rye flour
- 1 tbsp caraway
- 38 g de sel
- 430 g de babeurre (ou d'eau)
- 150 g de mélange à pâte (perdre du poids)
- 2 cuillères à soupe d'huile de tournesol (ou autre huile végétale)

préparation

- Tamisez les deux farines dans un bol assez grand. Mettez le levain dans une farine, mettez-y de la farine. Couvrez avec un torchon humide pendant une nuit.
- Incorporer progressivement le sel, le cumin, le babeurre ou l'eau avec une cuillère en bois. Pétrissez avec vos mains. Rendez la pâte légèrement plus humide pour la laisser partir. Couvrir avec un torchon humide pendant 6 heures dans un endroit chaud. Le torchon evt. Humidifiez à nouveau.
- Verser la pâte sur un plan de travail saupoudré de farine de blé complet, retirer la masse de pâte indiquée, pétrir le reste pendant 5 minutes, former une boule divisée en parties égales par pain.
- Pétrissez chacun d'eux et mettez-les en forme de boîte.
- Couvrez avec un torchon humide et laissez infuser pendant 2 heures.
- Placez un plat à gratin avec de l'eau chaude bouillante dans le bas du four. Préchauffez la cuisinière.
- Badigeonnez le pain d'huile, insérez-le et faites-le cuire pendant 60 minutes.
- Laissez refroidir sur une grille.

Pain de seigle à partir de levain

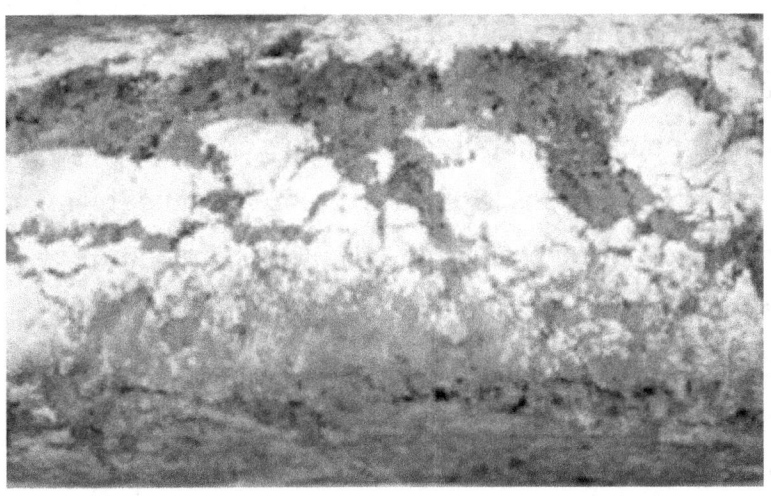

ingrédients

- Pour le levain :
- 400 g de farine de seigle (Type 1150)
- 300 ml d'eau
- Pour le pain de seigle :
- 1500 g de farine de seigle (Type 1150)
- 1500 g de farine de blé (Type 550)
- 1000 ml d'eau

préparation

- Pour le pain de seigle à base de pâte aigre, mélangez d'abord 100 g de farine de seigle avec 100 ml d'eau dans un bol en plastique avec un fouet ou un agitateur à faible vitesse et laissez reposer pendant 48 heures à température ambiante. Couvrez de préférence avec un torchon de cuisine, afin qu'aucune particule de poussière ne puisse y tomber.

- Le troisième jour, ajoutez encore 100 g de farine de seigle et 100 ml d'eau dans le plat de cuisson et remuez bien. Laissez le tout reposer un jour de plus à température ambiante. Ajoutez ensuite le reste de la farine de seigle et de l'eau et laissez reposer un autre jour.
- Il faudrait que la pâte ait une odeur très acide après cinq jours et qu'elle ait ce goût, de sorte que vous puissiez déformer votre visage en la goûtant. S'il n'y a pas d'acide à goûter, attendez un jour de plus.
- Ensuite, 800 g de pâte aigre naturelle sont prêts, qui peuvent être transformés directement en trois kilos de pain de seigle.
- Mélangez ensuite le levain naturel avec la farine de seigle, la farine de blé et l'eau dans un grand bol à l'aide d'un pétrin à petite pâte pendant 5 minutes puis au niveau le plus élevé pendant environ 20 minutes pour obtenir une pâte lisse.
- Laissez maintenant la pâte avec le couvercle fermé jusqu'à ce qu'elle ait visiblement grossi. Maintenant, vous faites trois pains de taille égale à partir de la pâte. Il suffit de les placer sur une plaque graissée avec de l'huile de tournesol ou une autre huile végétale et de les cuire dans le tube pendant environ 1 heure à 180 ° C.

- Le pain de seigle fabriqué à partir de levain est prêt lorsqu'il sonne creux lorsqu'on le frappe sur la face inférieure. Veillez à porter un gant de cuisine pour le tester.

Pain à la farine de seigle

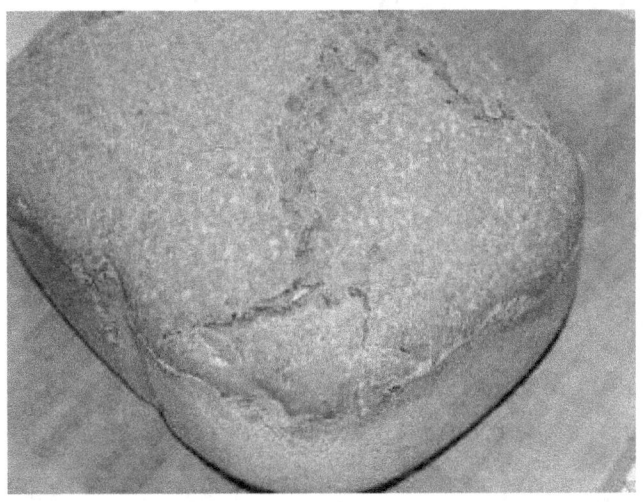

ingrédients

- Pour l'approche :
- 200 g de farine de seigle (fine)
- 200 g d.eau
- 1 cuillère à soupe de substitut de levain
- Pour le 2ème jour, le matin :

- 200 g de farine de seigle (fine)
- 200 g d.eau
- Pour le deuxième jour, à midi :
- 300 g de farine de seigle (moyennement fine)
- 300 g d'eau
- Pour le 2ème jour, dans l'après-midi :
- 300 g de farine de seigle (grossière)
- 1 1/2 cuillère à café de sel
- 1 à 2 cuillères à café de c c carvi

préparation

- Le 1er jour, le soir, remuez le mélange avec l'eau et la farine de seigle. Couvrez bien et laissez reposer toute la nuit.
- 2ème jour le matin, moudre et remuer l'eau sous la vapeur (fraîche), couvrir et laisser reposer pendant 3-4 heures.
- 2ème jour pour le déjeuner Fouettez et arrosez bien avec la deuxième étape (basique) et remuez pendant encore 3-4 heures.
- 2ème jour dans l'après-midi Ajouter du sel, du cumin et autant de farine de seigle à la troisième étape (Vollsauer) qui permet d'obtenir une pâte lisse. Laisser reposer pendant 1 heure.

- Ensuite, pétrissez à nouveau, faites une miche de pain et placez-la sur une feuille graissée.
- Laissez le morceau de pâte reposer pendant 40 à 50 minutes et faites-le cuire dans un four préchauffé à 220-250 degrés pendant 50 à 60 minutes à feu doux.

Pain complet au levain

ingrédients

- 10 g de germe (frais)
- 150 g de lev lev lev lev lev du naturel ; liquide
- 500 ml d'eau (tiède)
- 1 cuillère à café de miel
- 400 g de seigle (finement moulu)
- 375 g de blé

- 2 cuillères à café de cumin
- 2 cuillères à café de coriandre
- 1 cuillère à café d'anis
- 1 cuillère à café de graines de fenouil
- 2 cuillères à café de sel marin
- Épices à saupoudrer :
- selon les besoins) : cumin
- Fenouil, coriandre, anis
- Graines de sésame, graines de lin
- Beurre (pour la forme)

préparation

- Mélangez la levure avec le levain dans un grand plat à four. L'eau, le miel et la farine de seigle. Couvrez le plat de cuisson d'un rackl.
- Chauffez brièvement le four à environ 30 ° C, éteignez-le, allumez la lumière du four. Faites fermenter la pâte dans le four pendant 16-17 heures. Entre-temps, remuez 1 à 2 fois. Si nécessaire, chauffez à nouveau brièvement à 30 ° C.
- Retirez 3 cuillères à soupe de la vapeur et gardez-les au frais dans un bocal en verre pour la prochaine cuisson. (Durée de conservation d'environ 3 semaines).
- Moudre finement le blé avec la moitié des épices . Mélangez toutes les épices et le sel avec la vapeur. Puis,

ajoutez la farine de blé. Travaillez bien la pâte molle pendant environ 10 minutes.

- Graissez un moule à pain avec un couvercle ou une forme de boîte de 30 cm de long. Ajouter la pâte, bien presser avec une cuillère humide et lisser. Répartissez les grains d'épices et pressez bien avec une cuillère humide. Scellez avec le couvercle ou avec du papier d'aluminium graissé.
- Faites cuire dans le four (bas) à 30 ° C pendant 50 minutes. Réglez le sélecteur de température sur 200 ° C. Faites cuire le pain pendant environ 45 minutes à 200, puis faites-le cuire à 150 ° C pendant environ 1 heure. (Le temps de cuisson prolongé à basse température donne au pain un goût prononcé). Retirez le couvercle ou la feuille d'aluminium et faites cuire le pain à 200 °C pendant 20 à 30 minutes. La cuisson est terminée lorsque le pain dépasse d'environ 2 mm du bord et qu'il sonne creux en frappant sur la face inférieure.
- Laissez refroidir le pain sur une grille métallique pendant environ 20 minutes. Ensuite, posez-le sur la grille et laissez-le refroidir avec le dessous pour que l'humidité se dissipe. Ne coupez pas le pain le lendemain.
- Sécher sur la grille pendant plusieurs jours, puis congeler bien emballé. Décongeler à température ambiante pendant 4 heures.
- Conseil : Ne cuisinez qu'avec des épices de haute qualité - elles se marient parfaitement dans un bon plat !

Pain mixte brillant

ingrédients

- 500 g wheat flour
- 100 g spelled flour
- 200 g of rye flour
- 250 g de lev lev lev levain
- 500 ml d'eau
- 1/4 de paquet. Germe
- 2 cuillères à café de sel
- 2 cuillères à soupe d'épices à pain
- 1 cuillère à soupe de sésame
- 2 cuillères à soupe de graines de tourn tournesol
- 3 cuillères à soupe de flocons d'avoine

- 1 cuillère à soupe de sucre (brun)
- 2-3 cuillères à soupe de farine de blé (pour la musculation)

préparation

Mélangez tous les types de farine pour le pain mixte . Mélangez l'eau tiède avec la levure, le levain, le sucre, les flocons d'avoine, les graines de tournesol et de sésame, ajoutez la farine et les épices et pétrissez bien jusqu'à ce que le pain se détache du bol.

Couvrir d'une feuille d'aluminium, laisser lever pendant 1 heure, pétrir à nouveau et former un réveil avec de la farine. Placer dans un panier de fermentation, couper avec un couteau et couvrir pendant 40 minutes.

Placez un bol avec de l'eau dans le bas du four, préchauffez le tube à 220°C, placez la pâte à pain sur une plaque enduite et faites cuire pendant 10 minutes à 220°C, puis repassez à 200°C et faites cuire pendant 40 minutes supplémentaires. Laissez refroidir sur une grille.

Le pain de l'arbre

ingrédients

- Pour le levain :
- 75 g of rye flour
- 8 g de culture
- 75 ml d'eau (tiède)
- Pour la batterie de cuisine :
- 50 g de sem sem sem sem sem sem sem
- 200 ml d'eau
- Pour la pré-pâte :
- 75 g de farine de blé (lisse)
- 1 g de levure (fraîche)
- 45 ml d'eau
- Pour le morceau source :
- 20 g chapel de pain
- 40 ml d'eau
- Pour la pâte principale :
- 275 g de farine de blé (lisse)
- 120 g of rye flour
- pots de 25 g
- 12 g de sel
- 8 g de levure (fraîche)

- 50 ml d'eau

préparation

Faites d'abord le levain pour le pain de l'arbre . Pour ce faire, mélangez la farine, la culture et l'eau et laissez reposer toute une nuit dans un endroit chaud.

Portez l'eau à ébullition pour la cuisson, incorporez la semoule et laissez reposer toute la nuit.

Pour la pâte, pétrissez la farine, la levure et l'eau en une petite pâte et laissez-la reposer au réfrigérateur toute la nuit.

Pour le morceau source, mélangez la chapelure avec de l'eau et laissez-la gonfler pendant environ une heure.

Pour la pâte principale, bien mélanger la pâte aigre, le morceau de cuisson, le morceau de ressort et tous les autres ingrédients, de préférence avec un robot culinaire avec crochet à pâte jusqu'à l'obtention d'une pâte lisse.

Ensuite, laissez reposer pendant environ 3 heures dans un endroit chaud. Ensuite, pétrissez à nouveau à la main sur une planche légèrement farinée et façonnez le pain.

Couvrir d'une feuille d'aluminium ou d'un linge de boulangerie et laisser reposer pendant encore 1 heure. Préchauffer le four à

260 °C et bien étuver. Le pain sur un papier sulfurisé ou sur une plaque de cuisson 75 - 90 minutes de cuisson (échantillon à frapper). Remettre la température du four à 220 °C après 5 minutes, puis à 200 °C après environ 40 minutes.

Pain de tournesol

ingrédients

- Pour la pâte à pain :
- 600 g whole-grain rye meal
- 150 g of whole rye flour
- 2 cuillères à café de sel
- 1 cube de levure
- 1 cuillère à café de sucre
- 500 ml d'eau (tiède)
- 1 pkg de levain fini
- 200 g sunflower seeds
- Divers :
- Eau (pour le four)
- Graines de tournesol (à étuver)

préparation

Pour le pain au tournesol, mélangez la farine avec le sel dans un bol. Pressez un petit bol au milieu et émiettez-y la levure, saupoudrez de sucre et mélangez la levure avec un peu d'eau chaude. Couvrez dans un endroit chaud pendant environ 15 minutes.

Ajoutez le levain et le reste de l'eau et pétrissez avec le crochet à pâte du robot pendant environ 5 minutes. Laissez la pâte reposer pendant encore 30 minutes. Ajoutez les graines de tournesol et pétrissez à nouveau la pâte à fond.

Mettez la pâte terminée dans 2 moules à boîte et laissez-la reposer encore 30 minutes. Badigeonnez le pain avec un peu d'eau et recouvrez-le de graines de tournesol, pressez-les dans la pâte.

Préchauffez le four à 240°C et faites-y cuire le pain pendant 10 minutes, puis réduisez à 200°C et faites-le cuire pendant 45 à 50 minutes supplémentaires. Retirez le pain et laissez-le refroidir sur une grille.

Kornspitz au levain

ingrédients

- 200 g spelled flour
- 200 g of rye flour
- 50 g de mélange de graines (graines de sésame, graines de tourn tournesol, graines de lin)
- 300 g de levain
- 10 g de sel
- 200 ml d'eau
- 2 cuillères à soupe d'épices à pain
- 2-3 cuillères à soupe de graines de sésame, graines de carvi, graines de tournesol (pour rouler)

préparation

Pour le Kornspitz, mélangez tous les ingrédients et pétrissez jusqu'à ce que la pâte soit lisse. Laisser reposer pendant 60 minutes et pétrir à nouveau. Divisez la pâte en morceaux d'environ 100 g, étalez chaque morceau et roulez-le comme un strudel.

Roulez chaque morceau dans des graines de sésame, de carvi ou de tournesol. Placez-les sur un moule, couvrez-les et laissez-les reposer pendant encore 45 minutes.

Préchauffer le tube à 200 ° C. Mettre une tasse d'eau sur le plancher de la cuisinière. Poussez la feuille dans le tube et faites cuire pendant 20-25 minutes.

Pain complet "anguille" bin

ingrédients

- 600 g whole-grain rye meal

- 150 g of rye flour
- 1 cube de levure
- 500 ml d'eau (tiède)
- 1 pkg de levain fini
- 70 g grains d'av d'av d'av d
- 90 g sunflower seeds
- 90 g pumpkin seeds
- 70 g buckwheat grains
- 2 cuillères à café de sel

préparation

Pour le pain complet, mélangez la farine de seigle et la semoule dans un bol. Presser au milieu d'une auge, émietter la levure, ajouter le sucre et 100 ml d'eau et mélanger entre eux et avec un peu de farine.

Couvrez l'ensemble et laissez-le lever à environ 220°C pendant 15 minutes. Ajoutez le reste de l'eau, le levain et le sel et pétrissez le tout pour obtenir une pâte lisse.

Couvrez à nouveau la pâte et laissez-la reposer pendant 60 minutes. Ajoutez 70 g des 4 grains et pétrissez bien. Faites 2 pains ronds avec la pâte.

Badigeonnez le pain d'eau et recouvrez la moitié des graines de tournesol et l'autre moitié des graines de citrouille. Pressez un peu les graines.

Mettez le pain sur une plaque de cuisson farinée et laissez-le reposer couvert pendant 30 minutes. Préchauffez le four à 200°C, remplissez une tasse à soupe réfractaire d'eau et mettez-la dans le four.

Faites cuire le pain dans le four préchauffé pendant environ 1 heure. Puis refroidissez bien et laissez reposer quelques heures (au moins 8 heures).

Holsteiner Landbrot

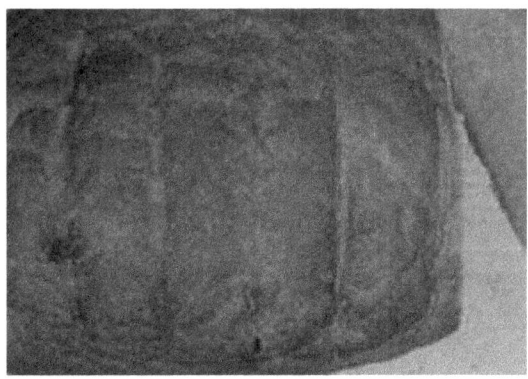

ingrédients

- 175 g of rye flour
- 175 g de farine de de farine du blé
- 1 cuillère à café de sel
- 20 g de levure

- 1/2 cuillère à café de sucre
- 250 ml d'eau (chaude)
- 80 g of finished sourdough

préparation

Pour le pain de campagne, mélangez la farine et le sel dans un bol et faites un creux au milieu. Emiettez la levure et ajoutez le sucre. Versez un peu d'eau tiède et remuez.

Couvrir dans un endroit chaud pendant environ 15 minutes. Ajoutez le levain et le reste de l'eau et pétrissez bien (environ 10 minutes).

Recouvrez à nouveau la pâte à pain dans un endroit chaud pendant environ 1/2 heure. Pétrissez bien la pâte à nouveau et formez un pain oblong.

Mettez-le sur une plaque de cuisson farinée et laissez-le reposer pendant une demi-heure. Maintenant, badigeonnez le pain avec un peu d'eau et coupez plusieurs fois avec un couteau bien aiguisé.

Placez un plat réfractaire avec de l'eau dans le four et préchauffez-le à 220°C. Faites-y cuire le pain pendant 10 minutes, puis réduisez la température à 200°C et faites cuire le pain pendant environ 1 heure.

Pain de sésame

ingrédients

- Pour la pré-pâte :
- 250 g of rye meal
- 1 cuillère à soupe de substitut de levain
- 250 ml d'eau (tiède)
- Pour la pâte à pain :
- 125 g de farine de farine de blé
- 250 g of rye flour
- 1 pkg. Levure sèche
- 1 cuillère à soupe de sésame
- 1 cuillère à café de sel
- Pour saupoudrer :
- 1 cuillère à soupe de sésame

préparation

Pour le pain au sésame Mélangez les ingrédients de la pâte, couvrez et laissez reposer pendant 12 heures à température ambiante. Ajoutez les ingrédients de la pâte à pain à la pré-pâte et pétrissez-la avec les crochets du robot jusqu'à obtenir une pâte lisse.

Couvrez la pâte et laissez-la reposer pendant encore une heure dans un endroit chaud. Faites maintenant un pain oblong avec la pâte et placez-le sur une plaque de cuisson. Badigeonnez-le d'eau froide et saupoudrez-le de graines de sésame.

Préchauffez le four à 200 ° C et faites cuire le pain pendant environ 40 minutes. Ensuite, laissez-le bien refroidir sur une grille à gâteau.

Chiasamenbrot

ingrédients

- 500 g of whole rye flour
- 500 g de farine de farine de blé complet
- 1 Paquet. Levain fini (aliments naturels)
- 750 ml d'eau (tiède)
- 1 cuillère à café de sel
- 20 g de levée fraîche
- 3 tablespoons chia seeds
- 2 cuillères à soupe de graines de chia (pour saupoudrer)
- 2 cuillères à soupe de sésame (pour saupoudrer)

préparation

Pour le pain aux graines de chia, mélangez les deux types de farine. Mettez la moitié du mélange dans un bol et pressez dans un creux au milieu. Ajoutez le levain mélangé à 500 ml d'eau dans ce plat et mélangez avec un peu de farine.

Couvrez-le à température ambiante pendant la nuit. Ajoutez l'eau restante avec le sel et la levure émiettée. Pétrissez avec le reste de la farine et les graines de chia pour obtenir une pâte lisse.

Couvrez à nouveau cette pâte et laissez-la reposer pendant environ 3 heures. Pétrissez à nouveau la pâte et formez une miche de pain. Placez le pain sur une plaque de cuisson farinée et laissez-le reposer pendant 90 minutes supplémentaires.

Préchauffez le four à 200°C. Badigeonnez le pain avec un peu d'eau et saupoudrez-le de graines de chia et de sésame. Faites cuire le pain pendant environ 80 minutes. Laissez le pain refroidir et coupez-le de préférence le lendemain.

Pain de céréales complètes

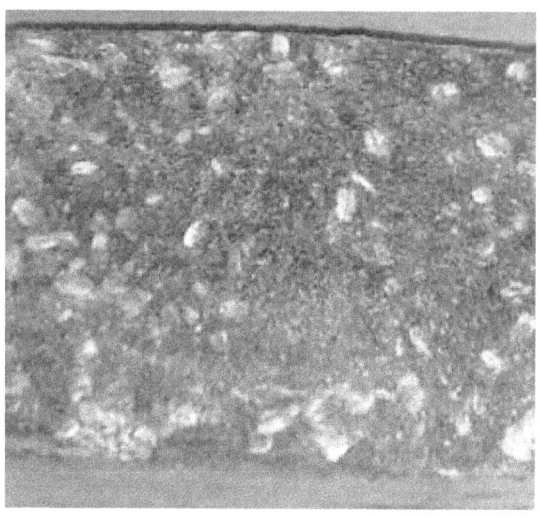

ingrédients

- Farine (pour le plan de travail)
- Pour la pâte râpée :
- 300 g de farine de seigle complet (grossière)
- 300 ml d'eau (tiède)
- 30 g de levure (achetée ou maison)
- Pour la pièce de brassage :
- 300 g de farine de seigle complet (grossière)
- 300 ml d'eau (80 à 100 de l'eau chaude)
- Divers :
- 400 g de farine de seigle complet (fine)
- 25 g de levure
- 20 g de sel

- 20 g maple syrup
- 250 ml d'eau (chaude pour le corps)
- 100 g d'amandes (tourn tournesol, citrouille, graines de lin)

préparation

Pour le pain complet, placez d'abord la farine de seigle complet dans un bol et arrosez-la d'eau tiède pour la pâte sure râpée.

Ajoutez le levain et mélangez le tout avec le fouet. Laissez reposer cette masse pendant 16 heures dans un endroit chaud.

Le lendemain, mélangez la farine de céréales grossières pour l'infusion avec l'eau chaude. La pièce de brassage doit reposer pendant 3 heures dans un endroit chaud.

Mélangez les restes et le bouillon et pétrissez bien. Ajoutez ensuite la fine farine de seigle complet, émiettez la levure et ajoutez le sel.

Sirop d'érable et eau tiède. Pétrissez bien le tout à nouveau. Retirez la masse du bol et mélangez les graines. Laissez reposer pendant encore 10 minutes.

Mettez un peu de farine sur le plan de travail et roulez la pâte dedans. Formez le pain et mettez-le dans un moule à pain. Couvrez-le (en forme de boîte d'environ 12 cm de large et 24 cm de long) avec un torchon et laissez-le reposer une heure de plus.

Préchauffez le four à 240 ° C et faites-y cuire le pain pendant 30 minutes. Baissez ensuite le four à 200 °C et poursuivez la cuisson pendant environ 70 minutes. Retirez le pain fini du moule et laissez-le refroidir.

pain aux noisettes

ingrédients

- Pour la pré-pâte :
- 500 g of rye grains
- 15 g sourdough extract
- 500 ml de babeurre (tiède)
- Pour la pâte à pain :

- 200 g wheat grains
- 40 g de germe
- 100 g sugar beet syrup
- 2 cuillères à café de sel
- 1 cuillère à café de cardamome (fraîchement moulue)
- 200 g of hazelnut kernels

préparation

Pour le pain aux noisettes, préparez d'abord la pré-pâte. Pour ce faire, broyez finement les grains de seigle, placez-les dans un grand bol et pressez un plat au milieu. Mélangez l'extrait de levain avec le babeurre et versez-le dans l'auge. Mélangez avec un peu de farine et couvrez le tout dans un endroit chaud pendant 24 heures.

Pour la pâte à pain, broyer finement les grains de blé et mélanger la farine sous la pâte. Ajouter le germe, verser le sirop dessus, attendre environ 2 minutes pour que le germe se dissolve.

Ajoutez le sel et la cardamome et pétrissez le tout pour obtenir une pâte lisse. Enfin, pétrissez les noisettes décortiquées. Versez la pâte dans une boîte en fer et laissez-la reposer couverte pendant encore 60 minutes.

Pendant ce temps, préchauffez le four à 200°C et faites-y cuire le pain en 50 minutes environ.

rondelles d'oignon

ingrédients

- 250 g spelled wholemeal flour
- 200 g of rye flour
- 10 g de sel
- 1/2 cube de germe (environ 20 g)
- 10 g de malt à cuire
- 100 g natural sourdough
- 15 g d'huile d'huile d'huile d'olive
- 2 morceaux d'oignon (moyen)
- Huile (pour saisir)
- 275 ml d'eau (tiède)

préparation

Pour les rondelles d'oignon, hacher finement l'oignon et le faire rôtir dans un peu d'huile (il peut être un peu plus foncé). Laissez refroidir. Mélanger tous les ingrédients secs. Dissoudre le germe dans l'eau tiède.

Mélanger tous les ingrédients et pétrir pendant environ 10 minutes. Laisser reposer la pâte pendant environ 1/4 d'heure. Broyer 10 pâtons égaux d'environ 90-100 g et laisser reposer pendant environ 5 minutes.

Pressez légèrement les morceaux de pâte et repliez-les du haut et du bas vers le centre et roulez-les en barres d'environ 20 cm de long. Placez-les en forme de cercle sur la feuille et pressez les extrémités ensemble.

Saupoudrer de farine. Humidifiez avec de l'eau et laissez reposer pendant environ 1/2 heure. Préchauffez le four à 220 ° C air chaud et chauffez un récipient résistant à la chaleur.

Coupez les anneaux 4 fois. Versez beaucoup d'eau dans le récipient dans le four pour qu'il y ait assez de vapeur dans le tube (ATTENTION RISQUE DE BRULURE).

Faites cuire pendant environ 18 minutes et laissez refroidir sur une grille.

Bretzels

ingrédients

- 450 g de farine de blé (universelle)
- 25 g of rye flour
- 10 g de sel
- 50 g de lev lev lev lev lev lev lev lev naturel
- 30 g de beurre (tiède, liquide)
- 4 g de cubes soupe
- 21 g de germe (frais)
- 230 ml d'eau (tiède)
- soude caustique
- Sel marin (ou sel pour bretzel, grossier)

préparation

Pour les bretzels, bien mélanger tous les ingrédients secs. Dissoudre le germe dans l'eau tiède et l'ajouter aux autres ingrédients avec le beurre, le levain, le sel et les cubes de soupe.

Pétrir environ 8 minutes pour obtenir une pâte lisse (plutôt à la main car c'est une pâte plus ferme). Couvrir approximativement pendant 15 minutes. Diviser la pâte en 8 morceaux égaux (environ 100 g chacun) et les moudre en morceaux de pâte ronds (forme).

Une fois couverte, laissez-la reposer pendant environ 5 minutes. Roulez les morceaux de pâte pour obtenir des serpents d'environ 50 cm de long. Veillez à ce qu'ils soient plus épais au milieu et que les extrémités soient fines.

Placez-les sur une plaque de cuisson et laissez-les reposer couverts pendant environ 1/2 heure (ou toute la nuit au réfrigérateur) Préchauffez le four avec un récipient ignifugé à 180°C d'air chaud.

Plongez les bretzels dans la soude caustique ou enduisez-les (ATTENTION UTILISEZ DES GANTS ! !) et saupoudrez-les de gros sel. Veillez à utiliser un pinceau en plastique, car les pinceaux en poils naturels se dissolvent immédiatement dans la soude caustique.

Coupez avec le couteau une fois à travers le "ventre". Versez beaucoup d'eau dans le récipient chaud - les bretzels ont besoin de beaucoup de vapeur pendant la cuisson. Faites cuire les bretzels pendant environ 15-20 minutes. Laissez-les refroidir sur une grille de cuisine.

Levain de seigle simplement fait maison

ingrédients

- 300 g of rye flour
- 300 ml d'eau

préparation

Pour la pâte sure de seigle, mélangez le premier jour 100 g de farine de seigle avec 100 ml d'eau dans un bol en verre. Recouvrez d'un torchon et fixez-le avec un anneau en caoutchouc.

Ne pas réfrigérer cette démarche, mais la laisser à température ambiante. Ajoutez maintenant 50 g de farine de seigle et 50 ml d'eau pendant 4 jours, remuez bien et couvrez à nouveau.

Ne faites rien le sixième jour, le septième jour, emportez 500 g de levain pour le pain. Avec le reste, vous pouvez faire un nouveau levain. - à partir de l'étape 1. Le premier jour, commencez donc avec 100 g ! - tirer.

Pain au levain à la citrouille

ingrédients

- 300 g of pumpkin puree
- 200 g de farine complète en farine ép ép ép ép ép ép farine complète

- 200 g of rye flour
- 160 g de lev lev du sourd
- 2 cuillères à soupe d'eau
- 1/4 de cube de germe
- 10 g de sel
- 1 cuillère à café de fenouil
- 1 cuillère à café de coriandre
- 1 cuillère à soupe de mélisse
- 100 g de graines de tournesol (hachées)

préparation

Pour le pain au potiron et au levain, mettez la farine dans un saladier, ajoutez la purée de potiron froide, écrasez les graines de fenouil et de coriandre dans le mortier et faites dissoudre la levure dans l'eau tiède.

Pétrissez bien le tout - utilisez les réglages "pain de blé entier" et "brun moyen" dans la machine à pain.

Qui n'a pas de machine, pétrissez avec un pétrin ou à la main, laissez la pâte lever et pétrissez à nouveau. Formez une miche de pain et faites-la cuire au four à 200 degrés pendant 20 minutes.

Puis retournez à 180 degrés et faites cuire pendant encore 30 minutes. Faites un test de frappe, s'il sonne creux, alors le pain est prêt.

Pain noir de Flensburg

ingrédients

- 750 g of rye flour
- 250 g wheat flour
- 150 g of finished sourdough
- 500 ml d'eau (tiède)
- 1 cuillère à café de sel de mer
- 1/2 cube de germe

préparation

Pour le pain brun, mélangez les deux types de farine et placez-en la moitié dans un grand bol. Dans le mélange de farine, faites un creux au milieu d'une auge.

Mélanger le levain avec la moitié de l'eau et verser dans le bol. Mélangez avec un peu de farine et laissez reposer toute la nuit. Le lendemain, mélangez le germe avec l'eau restante, ajoutez le sel et remuez.

Ajoutez maintenant ce mélange au Teigansatz. Ajoutez le reste du mélange de farine et pétrissez pour obtenir une pâte ferme. Couvrez la pâte et laissez-la reposer pendant encore 3 heures.

Puis pétrir à nouveau et placer dans une forme de boîte farinée. Laissez-le lever à nouveau pendant environ 1 heure et demie, puis faites-le cuire dans le four préchauffé à 200 °C pendant environ 80 minutes.

Laissez le pain terminé refroidir sur une grille.

pain de racines

ingrédients

- 125 g d'eau
- 125 g de farine de farine de blé
- 3 g de sel
- pâte
- 200 g wheat flour
- 150 g wheat flour
- 100 g of rye flour
- 300 g d'eau
- 10 g de germe (frais)
- 12 g de sel

préparation

Pour le pain aux racines, pétrir tous les ingrédients de la pré-pâte avec les crochets du batteur à main deux jours avant le jour de la cuisson et laisser à température ambiante pendant environ 12-20 heures.

Dissoudre le germe dans l'eau tiède la veille de la cuisson. Mettre tous les ingrédients de la pâte, sauf le sel, dans le robot et pétrir pendant 4 minutes au niveau le plus bas.

Ajoutez du sel et pétrissez pendant 5 minutes supplémentaires au niveau supérieur. Laissez ensuite la pâte dans un bol légèrement huilé avec le couvercle fermé pendant 20-24 heures au réfrigérateur.

Le jour de la cuisson, placez soigneusement la pâte sur un plan de travail bien fariné et divisez-la en deux morceaux. Ce faisant, détruisez le moins de volume possible. Retournez les brins de pâte l'un dans l'autre et laissez-les reposer à couvert pendant 40 minutes.

Pour cuire la plaque de cuisson dans le four à 250 degrés haut / bas chauffer avec préchauffage. Mettez le pain avec du papier sulfurisé sur la plaque chaude et faites cuire dans un four préchauffé avec beaucoup de vapeur à 250 degrés pendant 10 minutes.

Egouttez la vapeur, retirez le papier sulfurisé et réduisez la température à 220 degrés. Après 20 minutes, réduisez la température à 200 degrés et faites cuire 5-10 minutes, selon le four. Laissez le pain refroidir sur une grille.

Urkornbrot

ingrédients

- Pour le levain :
- 75 g de farine spelled (type 10 50)
- 225 g spelled flour (type 630)
- 300 ml d'eau (tiède)
- Pour la pâte à pain :
- 200 g de levain (préparé lui-même)
- 250 g spelled flour
- 200 g spelled flour
- 100 g wholemeal spelled flour
- 1 cuillère à soupe de sel de mer
- 2 cuillères à soupe d'huile
- 375 ml d'eau (tiède)
- Pour la vapeur :
- 1 cube de germe
- 1 cuillère à café de sucre
- 50 ml d'eau (tiède)
- En outre :
- Farine épelée (pour la transformation)

préparation

Pour le pain aux céréales original, préparez d'abord le levain. Mélangez 75 g de farine orthodoxe avec 75 ml d'eau tiède dans un grand bol en céramique pour obtenir une pâte ferme. Recouvrez d'un torchon humide et laissez reposer 2 jours et nuits (48 heures) dans un endroit chaud.

Ajoutez ensuite 75 ml d'eau tiède et 75 g de farine épelée et mélangez bien. Laissez reposer à couvert pendant 24 heures supplémentaires. Incorporez ensuite 150 ml d'eau tiède et le reste de la farine épelée (150 g) et laissez reposer un jour de plus.

Ensuite, le levain peut être transformé immédiatement ou conservé au réfrigérateur dans un verre avec un couvercle peu serré.

Pour le pain, mélangez le germe avec le sucre et l'eau tiède de la vapeur dans une tasse ou une grande tasse et laissez reposer pendant environ 15 minutes.

Pendant ce temps, versez toute la farine dans le bol du robot et mélangez-la avec le sel. Au milieu d'une dépression, appuyez et faites entrer la vapeur. Répartissez 200g de levain dessus.

Versez l'huile. Pétrissez avec 375 ml d'eau tiède pour obtenir une pâte à pain lisse. La pâte plutôt collante doit juste se détacher du bord du bol. Cela dure environ 1/2 minute au niveau 2 et 4-5 minutes au niveau.

Ensuite, saupoudrez la pâte d'un peu de farine orthodoxe et formez une pâte ferme sans la serrer. Couvrez maintenant la pâte dans un endroit chaud jusqu'à ce que le volume ait doublé.

Ensuite, pétrissez à nouveau brièvement la pâte avec les mains légèrement farinées et formez un rouleau. Remplissez un grand ou 2 petits moules à pain préparés avec ce rouleau.

Relisez la pâte dans le moule jusqu'à ce qu'elle ait à nouveau doublé. Placez dans le four préchauffé (230 ° C) un plat réfractaire avec 300 ml d'eau. Faites cuire le pain pendant 15 minutes.

Ouvrez ensuite brièvement la porte pour que la vapeur puisse s'échapper et baissez la température à 200 ° C. Faites cuire pendant 30 minutes supplémentaires, puis baissez la température à 190 ° C et faites cuire le pain pendant environ 15 minutes.

Laissez refroidir brièvement le pain cuit sur une grille, puis démoulez-le et laissez-le refroidir complètement.

Pain de tournesol

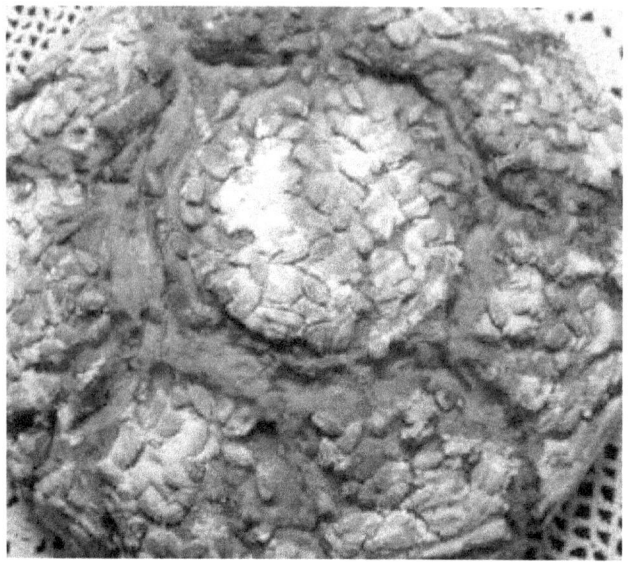

ingrédients

- 300 g of rye flour
- 175 g wheat flour
- 11 g de sel
- 6 g de malts de cuisson
- 315 ml d'eau (tiède)
- 21 g Germe (frais, 1/2 cube)
- 150 g natural sourdough
- 100 g de graines de tournesol (pelées)
- Graines de tournesol (à saupoudrer)

préparation

Pour le pain au tournesol, mélanger tous les ingrédients secs. Dissoudre le germe dans l'eau tiède. Mélanger tous les ingrédients et pétrir pendant environ 10 minutes. Couvrir et laisser reposer pendant environ 1/2 heure.

Formez la pâte en un pain. Humidifiez la surface et garnissez-la de graines de tournesol. Placez le bout vers le haut (côté saupoudré vers le bas) dans le panier de fermentation bien fariné (ou dans un plat avec un tissu fariné).

Laissez reposer encore 1/2 heure. Faites chauffer le four avec un récipient résistant au feu à 230 ° C. Ajoutez de l'eau dans le récipient chaud pour qu'il y ait suffisamment de vapeur.

Verser le pain sur la plaque de cuisson après la marche. Presser le motif obligatoire sur la surface - je fais un anneau avec un verre au milieu et je presse les rayons autour avec un dos de couteau. Laisser à nouveau reposer pendant environ 5min.

Insérez le pain et réduisez le feu à 185°C. Faites cuire pendant 50-55 minutes. Le pain est prêt lorsqu'il sonne creux lorsqu'on le frappe sur le fond. Laissez-le bien refroidir sur une grille.

Achteckbrot

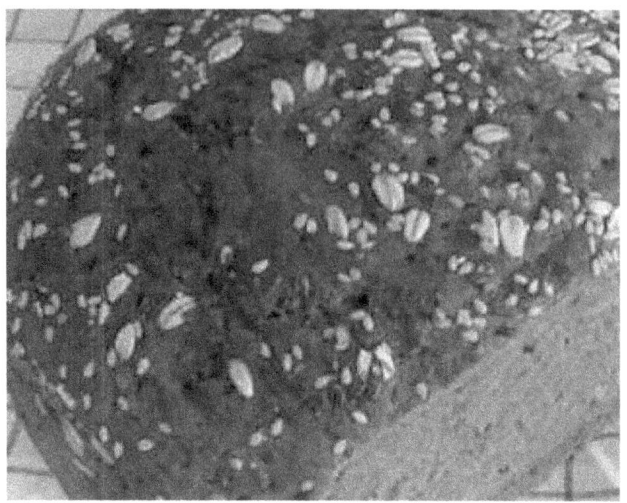

ingrédients

- 600 g whole-grain rye meal
- 150 g of rye flour
- 2 cuillères à café de sel
- 40 g de germe
- 1 cuillère à café de sucre
- 500 ml d'eau (tiède)
- 150 g of finished sourdough
- 100 g sunflower seeds
- 100 g de graines de lin

préparation

Pour le pain octogonal, préparez une pâte à pain à partir de farine de seigle complète, de farine de seigle, de levure de sel, de sucre, d'eau et de levain. Laissez la pâte à pain dans un endroit chaud pendant environ 30 minutes.

Pétrissez ensuite les graines de tournesol et de lin et laissez reposer le bassin pendant encore 10 minutes. Divisez la pâte en 2 moitiés et pétrissez à nouveau chaque partie, placez-la dans un plat à pain octogonal et laissez-la reposer pendant encore 30 minutes.

Faites cuire le pain dans le four préchauffé à 200 ° C pendant environ 60 minutes. Laissez le pain cuit refroidir légèrement, démoulez-le et laissez-le refroidir complètement.

Pain aux céréales

ingrédients

- 250 g de farine complète de se d'se d'se complet
- 750 g de farine de blé complet
- 750 ml d'eau (tiède)
- 60 g de lev lev lev lev du sour sour sour sour sour sour sour sour
- 1 Paquet. Levure sèche
- 50 g de grains de de blé
- 50 g d'grains d'or d'or d'or d'herbe
- 50 g of nude oat grains
- 50 g buckwheat grains
- 150 g sunflower seeds
- 50 g de graines
- 2 cuillères à café de sel

préparation

Pour le pain aux grains, mélanger les deux types de farine et presser dans un creux au milieu. Mélangez le levain et le germe avec 250 ml d'eau dans un petit bol et versez dans la cuve.

Mélanger avec environ la moitié de la farine et couvrir dans un endroit chaud pendant environ 12 heures. Couvrir les grains de blé et d'orge dans l'eau pendant 6 heures, puis laisser mijoter pendant 60 minutes à feu doux.

Faites gonfler les grains d'avoine et de sarrasin dans l'eau pendant 3 heures et laissez mijoter pendant 30 minutes. Enfin, égouttez tous les grains à travers une passoire. Pétrissez la pâte avec le sel et l'eau restante, ainsi que la farine restante pour obtenir une pâte lisse.

Mettez environ la moitié des graines de tournesol de côté et incorporez tous les autres grains et graines à la pâte. Remplissez la pâte dans 2 moules à boîte et laissez-la reposer couverte pendant encore 2 heures.

Ensuite, badigeonnez la surface de la pâte avec de l'eau et répartissez-y les graines de tournesol retenues. Placez un bol réfractaire avec de l'eau dans le four préchauffé à 220 ° C, ajoutez le pain et fermez le four immédiatement.

Faites cuire le pain pendant 40 minutes, puis réduisez la température à 200 ° C et poursuivez la cuisson pendant 30 minutes supplémentaires. Retirez les pains finis, démoulez-les et laissez refroidir le pain en grain sur une grille.

baguette de graines

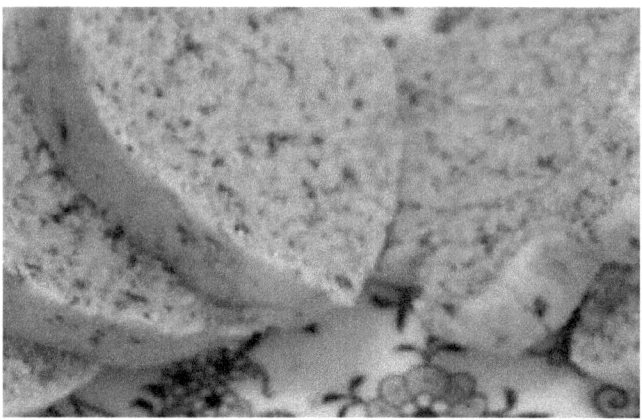

ingrédients

- Pour la pièce source :
- 25 g de graines de lin
- 20 g de s sésame
- 20 g sunflower seeds
- 15 g de fils gris
- 75 ml d'eau (tiède)
- 50 g of rye flour
- 225 g de farine de farine de blé (universelle)
- 8 g de sel
- 8 g de malt à cuire
- 5 g d'épices à pain
- 155 ml d'eau (tiède)
- 12 g de germe (frais)
- 20 g de beurre (liquide)

- 40 du lev lev lev lev lev du naturel
- pour saupoudrer :
- sésame
- graines de lin
- Graines de tournesol

préparation

Pour la baguette de graines, laissez les graines avec l'eau pendant environ 2 heures (pièce source). Mélanger tous les ingrédients secs. Dissoudre les graines dans l'eau. Mélanger tous les ingrédients et pétrir pendant environ 10 minutes. Couvrir et laisser reposer pendant environ 1/4 d'heure.

Formez la pâte en 2 parties et laissez-la lever pendant encore 1/4 d'heure. Maintenant, pressez les deux morceaux de pâte à plat, retournez-les par le haut et le bas et roulez-les lâchement en barres d'environ 40 cm de long.

Humidifier légèrement avec de l'eau, saupoudrer de graines à volonté et placer sur une plaque de cuisson. Couvrir pendant environ 1/2 heure et laisser reposer. Faites chauffer le four avec un récipient résistant au feu à 200 ° C.

Ajoutez de l'eau dans le récipient chaud pour qu'il y ait suffisamment de vapeur. Insérez le pain et faites-le cuire pendant environ 25 minutes. Le pain doit sonner creux au fond, sinon faites cuire quelques minutes de plus. Laissez bien refroidir sur une grille.

pain brun

ingrédients

- 300 g of rye flour
- 300 g spelled flour
- 200 g de farine épelée (complète)
- 200 g wheat flour
- 150 g de lev du sourd
- 22 g de germe
- 610 ml d'eau / (tiède)
- 24 g de sel
- 15 g de malt à cuire
- 1 cuillerée à soupe d'épices à pain (prélevée)

préparation

Pour le pain mixte, mélanger tous les ingrédients, pétrir au robot pendant 8-10 minutes, laisser couvrir pendant une demi-heure. Puis diviser la masse en deux, pétrir à nouveau et placer dans deux paniers de fermentation farinés.

Laissez reposer pendant une heure jusqu'à ce que la surface présente des fissures. Préchauffez le four à 250 degrés avec de l'air chaud, placez un pot d'eau dans le fond du four.

Chauffez le moule et roulez soigneusement le pain sur le plateau. Mettez le four sur la chaleur supérieure et inférieure, faites cuire le pain pendant 15 minutes à 250 degrés, puis retirez l'eau du four.

Remettez la température à 190 ° C et faites cuire le pain pendant une demi-heure. Tapez l'essai, tombez sur la grille et laissez refroidir le pain mélangé.

Pain complet Fitness

ingrédients

- 200 g of organic seedling spelled flour
- 100 g organic rye wholemeal flour
- 100 g organic spelled whole wheat flour
- 40 g organic flaxseed flour
- 40 g de graines de lin (écrasées)
- 50 g organic pumpkin seeds (Styrian)
- 40 g de graines de tourn tourn tourn tourn tourn tourn de l'agriculture biologique (de l'agriculture aut aut aut aut aut aut aut aut aut aut aut aut aut aut pour l'agriculture)
- 2 cuillères à soupe du mélange d'épices pour rôti
- 1 Paquet. Levure sèche
- 1/2 pkg. Extrait de levain de seigle biologique

- 1 cuillère à soupe de sel de mer
- 2 tbsp organic camelina oil
- 400 ml d'eau (tiède, max 36 ° C)

préparation

Dissoudre le germe dans l'eau tiède pour le pain complet Fitness - ajouter tous les ingrédients et bien pétrir au robot pendant au moins 10 minutes. Les 2-3 premières minutes lentement, le reste du temps plus intensément - jamais au niveau le plus élevé - la pâte prend du temps pour être parfaitement pétrie.

Ensuite, laissez reposer dans le bol à température ambiante normale, couvert (torchon) pendant environ 30 minutes. Ensuite, pétrissez à nouveau la pâte à la main sur une surface légèrement farinée, façonnez-la et placez-la dans une corbeille à pain farinée (pour 1 kg de pain) (ou dans un moule à pain graissé / en forme de boîte de 30 cm résistant au levain).

Veillez à ce que le pain lève à nouveau à température ambiante - couvrez-le d'un torchon pour éviter les courants d'air ! Mettez le pain sur une plaque à pâtisserie - Les plaques à pâtisserie percées de trous sont idéales pour la cuisson du pain, car elles permettent à la chaleur d'atteindre le fond. Le temps de cuisson est d'environ 55 minutes.

Placez un récipient résistant à la chaleur avec de l'eau dans le four et préchauffez le tube à 240 ° C d'air chaud - poussez le pain dans le four et faites cuire les 10 premières minutes à la température la plus élevée - puis réduisez à 190 ° C et terminez la cuisson du pain complet fitness (environ 45 minutes). Le temps de cuisson peut varier en fonction du four.

PAIN AUX OIGNONS AVEC FETA

Ingrédients

- 1   oignon   stkbig
- 7   Levure   Gdry
- 120 eau   tiède
- 120 huile   mlolive
- 3   stkeggs

- 1 prize salt
- 1 prix poivre noir du moulin
- 250 Farine G smooth
- 3 EL Parsley , haché
- 125 Fromage G Feta , émietté

préparation

Dissoudre la levure dans 120 ml d'eau chaude et laisser reposer pendant 3 à 5 minutes. Mélanger 1 cuillère à soupe d'huile d'olive, 1 œuf, du sel et du poivre. Ajouter la farine et transformer en une pâte lisse, pétrir pendant 5 minutes.

Couvrez la pâte d'un linge et laissez-la lever dans un endroit chaud pendant environ 2 heures, jusqu'à ce que la pâte atteigne environ le double de son volume.

Pendant ce temps, épluchez les oignons, coupez-les en petits morceaux et faites-les revenir dans le reste de l'huile d'olive. Ajouter le persil et laisser refroidir. Dans la masse refroidie, incorporer les 2 œufs battus restants et assaisonner de sel et de poivre.

Divisez la pâte en 2 moitiés et étalez chacune d'elles sur un plat à four bien graissé (22 cm Ø). Mettez l'oignon et la feta dans la moitié de la pâte (mettez la pâte sur le bord) et couvrez avec la deuxième moitié de la pâte.

À l'aide d'un couteau, découpez des carrés dans la pâte et arrosez-les d'une bonne quantité d'huile d'olive. Faites cuire dans un four préchauffé à 220 ° C pendant 25-30 minutes jusqu'à ce qu'ils soient dorés.

DEUX PAINS

Ingrédients pour 1 portion

- 300   Pain de seigle Type 960
- 300   GSpellé type de farine 700
- 4   Graines d'   ELChia
- 5   ELLes   graines de   tournesol

- 2 ELes graines de citrouille
- 2 Graine d' ELCaraway
- 1 ELBrotgewürz
- 1 TLsea-sel
- 1 PkGerm
- 580 mlEau tiède
- 130 GCheese (eg Gouda)
- 1 Farine EL pour former les 2 moitiés de thé

préparation

Mélangez d'abord la farine de seigle, la farine d'épeautre, les graines de chia, les graines de tournesol et de citrouille, le cumin, les épices à pain, le sel marin et le germe dans un saladier. Ajoutez ensuite l'eau tiède et laissez reposer pendant 30 minutes.

Préchauffez le four à 190 ° en haut/bas et divisez le fromage en petits cubes. Après le repos, divisez la pâte, travaillez le fromage dans une partie et faites une boule avec de la farine. Placez la boule de pâte dans un plat à pain de sorte que la seconde moitié (même avec de la farine pour former une boule) ait encore de la place.

Faites cuire dans le tube préchauffé pendant environ 1 heure. Laissez ensuite refroidir, puis coupez le pain de chaque côté ou cassez-le simplement.

PAIN DÉMONTABLE

Ingrédients

- 800   GFlour
- 1   WfGerm
- 1   TLsalt
- 5   Huile de colza
- 500   mlEau, tiède
- 200   Beurre de gerbe, liquide

préparation

Tamisez la farine dans un bol et salez. Emietter le germe dans une tasse et le mélanger avec l'eau chaude. Ajoutez à la farine et pétrissez avec l'huile pour obtenir une pâte lisse. Couvrez le bol et mettez-le dans un endroit chaud. Laissez reposer pendant 45 minutes.

Préchauffer le four à 175°C. Disposer le moule à charnière avec du papier sulfurisé.

Saupoudrez le plan de travail de farine, puis étalez la pâte en un grand rectangle. Répartissez le beurre aux herbes sur la plaque de pâte. Puis coupez la plaque de pâte en deux. Coupez chaque moitié en bandes d'environ 2 cm de large.

Pliez toutes les bandes de pâte en un "W" et placez-les à la verticale dans le moule à charnière. Traiter le reste de la pâte et placer tous les morceaux de pâte côte à côte dans le moule.

Placez au milieu du four et faites cuire pendant 40 minutes.

ROULEAUX DE COURGETTES AVEC BACON ET FROMAGE

Ingrédients pour 1 portion

- 1 WfYeast (à 42g)
- 100 GGruyère
- 100 Gbacon
- 3 stkZucchini (environ 600g)
- 5 branchthyme
- 500 Farine orthographiée
- 1 TLsalt
- 1 stkButter (pour fatiguer la feuille) ou papier sulfurisé
- 250 mlwater

préparation

Commençons par émietter la levure dans l'eau tiède pour la dissoudre. Pendant que la levure se dissout, hachez finement le fromage et le jambon et râpez les courgettes lavées par les extrémités sur la râpe.

Pour l'eau de levure viennent ensuite les feuilles de thym lavées et épluchées, la farine, le sel, les râpes de courgettes, ainsi que les cubes de bacon et le fromage. Pétrissez le tout dans le robot avec le crochet à pâte pour obtenir une pâte lisse.

Laissez ensuite cette pâte couverte pendant trois quarts d'heure, puis pétrissez à nouveau bien et divisez-la en douze parties. Formez de petits rouleaux et placez-les sur une plaque à pâtisserie. Laissez là encore pendant un certain temps.

Préchauffez le four à 180 ° C et faites cuire les petits pains rincés pendant 25 à 35 minutes. Couvrez-les éventuellement, ils doivent être trop foncés. Après la cuisson, laissez refroidir pendant environ 10 minutes dans le moule, puis versez sur une grille et dégustez bien frais.

BAGUETTE AU BEURRE AU CITRON ET AUX HERBES

Ingrédients pour 4 portions

- 0.5   stklemon
- 2   stkGousses d'ail
- 250   Gbutter
- 2   origan de branche
- 2   branchdill
- 2   TLtomato paste
- 1   TLsalt
- 0.5   TLpepper
- 4   stkBaguette (à cuire)

préparation

Lavez bien le citron à l'eau chaude et frottez la peau avec une râpe. Pressez ensuite le citron et récupérez le jus. Pelez l'ail et coupez-le très finement.

Faites ensuite chauffer 1 cuillère à soupe de beurre dans une poêle, faites-y sauter l'ail, puis laissez refroidir. Lavez et coupez l'origan et l'aneth.

Battez le reste du beurre en crème à l'aide d'un mixeur et incorporez les herbes fraîches, la purée de tomates, le jus de citron et le zeste de citron. Enfin, assaisonnez le tout de sel et de poivre.

Grattez soigneusement la baguette à intervalles de 3 cm et enduisez les tranches de beurre. Faites ensuite cuire la baguette au four à 150 degrés en haut/bas pendant environ 8 à 10 minutes.

PAIN SPICY

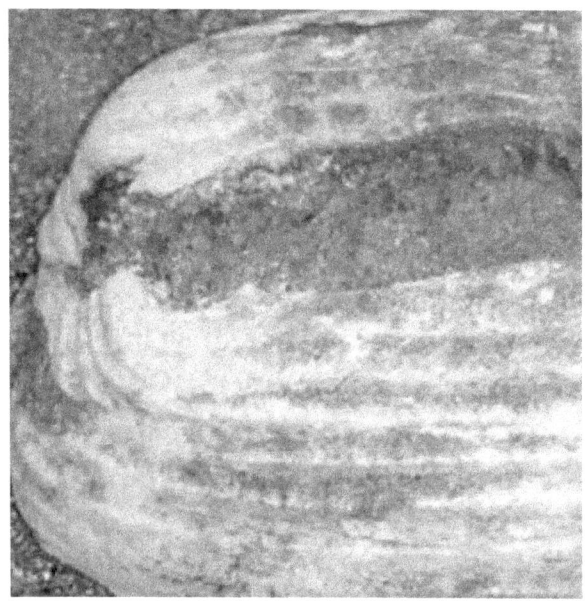

Ingrédients pour 1 portion

- 250 mlbuttermilk
- 450 La farine Grye
- 150 farine de blé GWhole
- 10 GFennel, séché
- 10 Coriandre, moulue
- 10 Tout le GCaraway
- 1 prizesalt
- Ingrédients pour la vapeur
- 20 GGerm
- 2 Farine de sarrasin EL
- 250 mlEau, chaude
- 1 TLsugar

préparation

D'abord un Voteig (vapeur) est préparé, à l'eau tiède avec le germe frais (levure) mélanger, 1 cuillère à café de sucre et les 2 dernières cuillères à soupe de farine à mélanger. Remuez bien et laissez reposer pendant environ 10 minutes à température ambiante jusqu'à ce que la vapeur monte légèrement.

Mélangez le babeurre, la farine de seigle, la farine de blé complet avec les épices et le sel. Pétrissez bien le tout une fois avec le robot.

Ajoutez la vapeur et pétrissez la pâte à la main ou au robot pendant encore 10 minutes.

Versez la pâte dans la forme souhaitée et laissez-la reposer à température ambiante pendant 60 minutes. La pâte devrait bien lever et doubler de volume.

Préchauffez le four à 250°C air chaud, puis placez un bol avec de l'eau dans le four.

Ensuite, mettez le pain dans le four, retirez le plat d'eau et réglez la température à 200 ° C.

Faites cuire à 200 ° C pendant 40 minutes, puis à 160 ° C pendant 20 minutes. Pour obtenir une écorce croustillante, arrosez le pain 2 à 3 fois avec de l'eau tiède pendant la cuisson.

Laissez le pain refroidir sur une grille.

PAIN AUX RACINES

Ingrédients pour 3 portions

- 100   La farine   Grye
- 500   Farine   orthographiée
- 20   GGerm   (frais)
- 20   Gsalt
- 10   Gsugar
- 100   Gbuttermilk
- 300   Eau GW (tiède)

préparation

Mettez tous les ingrédients, le babeurre, le germe, les deux types de farine, le sel, l'eau et le sucre dans le bol du robot, pétrissez une pâte à levure avec le crochet pétrisseur, puis laissez reposer pendant une heure.

Puis préchauffez le four à 240 ° en haut/bas. Après le temps de repos, divisez la pâte en 3 morceaux allongés, placez-les sur une plaque de cuisson et retournez soigneusement chaque morceau, sans les pétrir. Arrosez d'eau, couvrez et laissez lever encore 10 minutes.

Mettez le pain dans le four et faites-le cuire pendant 15 minutes, puis réduisez la température de 20 ° et faites-le cuire pendant 10 minutes. Retirez-le du tube et aspergez-le à nouveau d'eau.

PAIN DE SEIGLE ÉPICÉ

Ingrédients pour 30 portions

- 1   farine de   kgrye
- 130   Gsourdough
- 0.75   lwater
- 40   GGerm
- 180   Gbacon
- 180   Fromage GEmmental
- 80   Amandes (hachées)

préparation

Mélangez la moitié de la farine avec le levain, l'eau et le germe, que vous émiettez avec vos doigts.

Laissez reposer cette masse pendant 6 heures.

Pendant ce temps, coupez le bacon en petits cubes et râpez finement le fromage.

Mélangez maintenant le lard et le fromage avec les amandes, le sel et le reste de la farine et pétrissez avec la première pâte pour obtenir une masse lâche.

Mettez cette pâte dans un plat graissé, enduisez la surface d'un peu d'eau et laissez-la reposer pendant encore 30 minutes.

La pâte est cuite au four à 220° pendant environ 60 minutes.

PAIN DE BLÉ ENTIER AVEC DU YAOURT

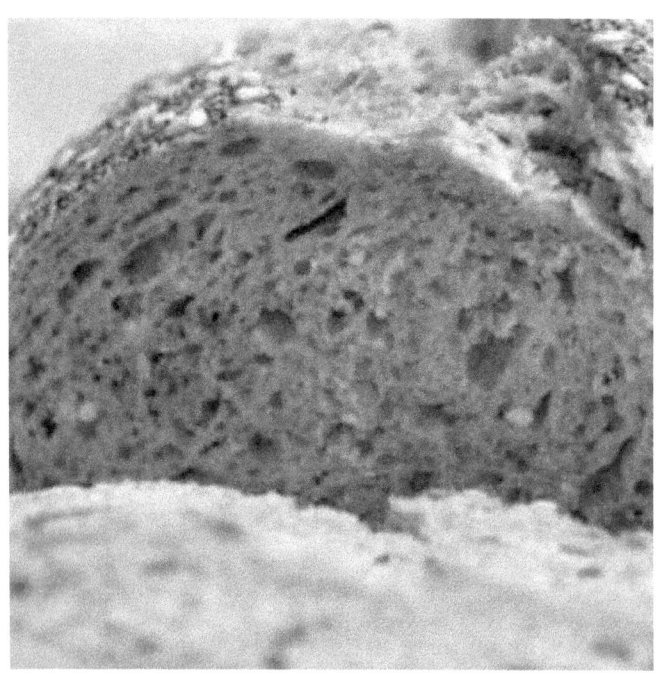

Ingrédients pour 1 portion

- 0.5   Pkb   poudre   à pâte
- 425   Yaourt GNatural, 3,6 %.
- 150   Farine de millet brun
- 400   Farine de   gwheat
- 1   Levure   sèche
- 0.5   TLFenugrec , moulu
- 9   Gsalt
- 300   mlEau, chaude
- 1   stkegg
- 2   TLhoney
- 200   farine de blé GWhole

préparation

Préchauffez le four à 180 ° C et disposez une boîte en forme de boîte avec du papier sulfurisé.

Mélangez ensuite les ingrédients secs dans un saladier.

Ajoutez le yaourt et le miel à l'œuf bien fouetté et mélangez bien.

Incorporer le mélange d'œufs aux ingrédients secs.

Pétrissez maintenant la pâte vigoureusement pendant au moins 5 à 10 minutes avec le robot ou avec vos mains. La pâte doit être élastique et ne doit plus coller au bord du bol.

Mettez la pâte finie dans la boîte en métal préparée et faites cuire au four sur une grille moyenne pendant 45 minutes.

BAGUETTE DE BLÉ ENTIER

Ingrédients pour 4 portions

- 1 ELvinegar
- 350 Gluke eau tiède
- 1.5 TLsalt
- 1 TLSyrup ou miel
- 1 Levure sèche
- 500 Grain de blé complet GWheat finement moulu
- 2 ELoil
- 1 Wfyeast

préparation

Dissoudre le germe dans l'eau et pétrir avec la farine de blé complet, la poudre de levain pour obtenir une pâte dans la machine. D'abord environ 4 minutes à vitesse lente, puis 2 minutes à vitesse moyenne.

À la fin, ajoutez le sel et l'huile et pétrissez la pâte. Le sel ne doit donc être ajouté à ce pain spécial qu'à la fin, afin de ne pas trop altérer la fermentation. En outre, cela permet d'obtenir des pores irréguliers et de petites cavités, qui sont caractéristiques de ce pain.

La pâte est bien recouverte de film alimentaire pendant environ 120 minutes dans un endroit plus frais. La surface ne doit pas se dessécher. Grâce au temps de pose, un bon arôme se forme.

Divisez ensuite la pâte en deux parties, travaillez-la en rond et laissez-la encore dix minutes pour qu'elle se détende.

Après ce court temps de repos, travaillez soigneusement en longues et fines tiges. Placez les deux morceaux sur une plaque de cuisson graissée, l'extrémité vers le bas, et laissez reposer pendant environ 40 minutes. Coupez ensuite en oblique avec une lame.

Mettez la baguette dans le four à une température de 220 ° C. Placez un récipient avec de l'eau et faites cuire à une température de 180 ° C. Le temps de cuisson est d'environ 30 - 35 minutes.

Gâteau marbré

ingrédients

- 200 g soft butter, or margarine
- 200 g sucre
- 1 cuillère à soupe de sucre
- une pincée de sel
- 4 œufs, (classe M)
- 300 g farine
- 2 cuillères à café de bicarbonate de soude
- 150 ml de lait
- 25 g de poudre de cac en poudre
- 200 g dark cake glaze

préparation

Battre le beurre, 200 g de sucre et 1 pincée de sel avec le fouet du batteur à main pendant au moins 5 minutes jusqu'à ce qu'il devienne mousseux. Ajouter les œufs l'un après l'autre et mélanger pendant 1/2 min. Mélangez la farine et la levure chimique et incorporez-les en alternance avec 100 ml de lait rapidement.

Retirez 1/3 de la pâte. Mélangez la poudre de cacao et 1 cuillerée à soupe de sucre et remuez le tout avec 50 ml de lait sous le reste de la pâte.

Mettez la moitié de la pâte foncée dans une boîte en métal graissée (1 litre, 30 cm). Versez la pâte claire et remplissez enfin le reste de la pâte foncée. Tirez une fourchette en spirale à travers la pâte pour créer un motif de marbre.

Faites cuire dans un four chaud à 175 degrés (air circulant 160 degrés) sur la grille dans le bas du four pendant 50-60 minutes. Retirer du four et laisser dans le moule pendant 10 minutes, puis placer sur une grille et laisser refroidir. Faites fondre le glaçage du gâteau selon les instructions figurant sur l'emballage et étalez-le sur le gâteau.

Gâteau au fromage

ingrédients

- 1 recette de base de pâte brisée, (voir conseil ci-dessous)
- 200 g sucre
- 100 g farine
- 1 pk de sucre vanillé
- 100 ml de lait
- 5 œufs, (catégorie M, séparés)
- 800 g of lean quark
- 1 Tl finely grated organic lime peel
- 3 cuillères à soupe de jus de citron vert
- 250 ml whipped cream

- sel
- 30 g de fécule de maïs
- 1 tasse de sucre glace

préparation

Préparez une recette de base de pâte brisée et laissez-la refroidir pendant 1 heure.

Préchauffer le four à 190 degrés (convection 170 degrés). Abaisser la pâte sur une surface farinée jusqu'à un diamètre d'environ 28 cm. L'enrouler avec le bois de roulement et la rouler sur un moule à manqué graissé (26 cm de Ø). Pressez le bord d'environ 1 cm de hauteur. Percez le sol plusieurs fois avec une fourchette. Faites cuire dans le four chaud sur le rail inférieur pendant 10-12 minutes.

Mélangez bien 100 g de sucre, la farine, le sucre vanillé et le lait avec un fouet. Incorporer successivement les jaunes d'oeufs, le fromage blanc, le zeste et le jus de citron vert. Incorporer la crème.

Battez les blancs d'oeufs et 1 pincée de sel jusqu'à ce qu'ils soient fermes, puis ajoutez le reste du sucre et la fécule et fouettez pendant au moins 2 minutes pour obtenir des blancs d'oeufs fermes et crémeux. Cela le rendra plus stable et le gâteau ne s'effondrera pas plus tard.

Mélangez 1/3 des blancs d'œufs sous le mélange de fromage blanc avec un fouet pour qu'il se détache. Incorporer le reste à l'aide d'une spatule.

Réduire la température du four à 170 degrés (convection 160 degrés). Répartir le mélange de fromage blanc sur le sol précuit. Faites cuire sur le rail inférieur pendant 20 minutes. Sortir le gâteau du four et le couper sur le bord à une distance d'environ 1 cm. Ainsi, la surface reste saine et ne se casse pas. Faites cuire au four pendant 30 minutes supplémentaires. Laissez ensuite reposer pendant 10 minutes dans le four éteint, légèrement ouvert. Retirez-les et laissez-les refroidir complètement sur une grille. Démouler et servir saupoudré de sucre en poudre.

Conseil : Certains l'aiment fruité : Vous pouvez également préparer le gâteau avec des fruits. Pour ce faire, placez 200 g de fruits (par exemple des framboises surgelées ou des fruits en conserve égouttés) sous le mélange de fromage blanc et faites-le cuire comme indiqué dans la recette.

Gâteau aux pommes et à la crème aigre

ingrédients

- 500 ml de lait
- 225 g sucre
- 2 pk de poudre à crème pâtissière
- 75 g soft butter
- sel
- 1 œuf, (classe M)
- 200 g de farine
- 0,5 Tl de poudre à lever tartare
- 600 g small apples, (eg Elstar)
- 2 cuillères à soupe de jus de citron
- 250 g de fromage blanc pauvre en graisse

- 400 g of sour cream
- 70 g apricot jam

préparation

Faire bouillir 400 ml de lait. Mélangez le reste du lait, 100 g de sucre et la poudre pour crème pâtissière jusqu'à obtenir une consistance lisse, ajoutez-les au lait bouillant tout en remuant. Laissez bouillir pendant environ 0,5 minute en remuant constamment. Remplir dans un bol et laisser refroidir tiède. Remuez plusieurs fois.

Lisser le beurre, 75 g de sucre et 1 pincée de sel avec les crochets à pâte du batteur à main. Pétrir brièvement l'œuf. Ajouter la farine et la levure chimique et pétrir rapidement pour obtenir une pâte lisse. Étaler avec les mains farinées dans un moule à manqué graissé (24 cm de Ø). Ce faisant, remonter un bord de 2 cm de haut. Lisser la pâte à l'aide d'une cuillère. Piquer le sol plusieurs fois avec une fourchette et fixer la forme pendant 20 minutes à froid.

Éplucher les pommes, les couper en quartiers, enlever les pépins et couper les quartiers sur le côté rond plusieurs fois à environ 0,5 cm de profondeur. Mélanger immédiatement dans un bol avec le jus de citron.

Préchauffez le four à 190 degrés (la circulation d'air n'est pas recommandée). Mélangez bien le séré, la crème fraîche et 50 g de sucre avec le fouet du batteur à main. Incorporez le pudding et mélangez le tout pour obtenir une crème lisse. Peindre le fond du moule. Couvrez avec les pommes. Faites cuire dans le four chaud sur le rail inférieur pendant 70-75 minutes. Éventuellement. Couvrir de papier sulfurisé après 50 minutes.

Faites brièvement bouillir la confiture, badigeonnez-en soigneusement le gâteau chaud. Sous forme de grille, il est préférable de le laisser refroidir complètement pendant la nuit. Servez avec de la crème fouettée et de la compote d'airelles.

Pour que les pommes épluchées ne deviennent pas brunes, il existe une astuce simple : Mélangez immédiatement les quartiers de pommes coupés avec du jus de citron, puis étalez-les sur la crème aigre.

gâteau taupe

ingrédients

- 100 g de beurre, (mou)
- 120 g sucre
- 2 œufs, (classe M)
- 30 g de cacao

- 150 g de farine
- 1 cuillère à café de levure chimique
- 75 ml de lait
- remplissage
- 2 tasses de crème
- 2 pk Sahnesteif
- 60 g chocolate flakes
- 3 bananes

préparation

Battre le beurre et le sucre avec le fouet d'un batteur à main jusqu'à obtenir une consistance crémeuse. Incorporer les œufs un par un. Mélangez la farine, le cacao et la levure dans un bol et ajoutez-les à la pâte. Ajoutez le lait et mélangez pour obtenir une pâte lisse. Mettez la pâte dans un moule à charnière (26 cm Ø) et lissez-la. Faites cuire dans le four préchauffé sur la grille moyenne à 170 degrés pendant environ 30 minutes. Retirez du four et laissez refroidir sur une grille.

Grattez soigneusement le dessus du gâteau avec une cuillère à soupe d'environ 1/2 cm de profondeur, en laissant 2 cm de bord. Mettez la garniture du gâteau dans un bol et émiettez-la avec vos doigts.

Battez la crème en chantilly et incorporez les flocons de chocolat. Retirer les bananes de leur peau, les couper en deux dans le sens de la longueur et les répartir près du fond du gâteau, la surface coupée vers le bas. Répartissez la crème sur le gâteau et formez un dôme. Répartir la chapelure sur le gâteau et laisser refroidir pendant environ 2 heures.

Tarte au citron vert

ingrédients

- Pour la pâte brisée
- 125 g room-warm butter
- 70 g de sucre g en poudre
- sel
- 2 egg yolks, (Kl. M)
- 250 g de farine
- Pour la crème
- 5 leaves of white gelatin
- 70 g sucre
- 500 g double cream cheese
- 300 g y y y y du lait entier
- 1 Tl finely grated organic lime peel
- 3 cuillères à soupe de jus de citron vert
- 100 g Lemon Curd, (or apricot jam without pieces)

préparation

Pour la pâte, pétrir le beurre, le sucre glace (jusqu'à 2 Tl), 1 pincée de sel, les jaunes d'œufs, la farine et 4 cuillères à soupe d'eau glacée avec le crochet du batteur à main pour obtenir une pâte lisse. Former à plat sur du film alimentaire. 2 heures à froid.

Étaler la pâte sur une surface farinée d'environ 30 cm de diamètre. L'enrouler à l'aide du bois de laminoir, la placer dans un Springform graissé (26 cm de Ø), presser le bord de 2 cm de haut, percer le sol plusieurs fois avec une fourchette. Faire cuire dans un four chaud à 200 degrés (convection 180 degrés) sur le rail inférieur pendant 20 minutes. Laisser refroidir dans le moule sur une grille.

Pour la crème, faire tremper la gélatine dans une grande quantité d'eau froide. Faire bouillir le sucre et 100 ml d'eau dans une casserole, retirer du feu. Battre en crème le fromage, le yaourt, le zeste et le jus de citron vert à l'aide du fouet du batteur à main pendant 3 minutes jusqu'à ce que le mélange soit crémeux. Exprimer la gélatine, la dissoudre dans le sirop de sucre chaud et l'incorporer au fromage frais.

Retirer la terre du moule, remplir de crème sur une assiette à gâteau. Déposer le Lemon Curd par endroits sur la surface et le faire mariner avec une brochette en bois dans la crème. Garder le gâteau au froid pendant au moins 3 heures. Servir saupoudré du reste de sucre en poudre.

Tarte aux poires

ingrédients

- 200 g de farine
- sel
- 30 g sucre brun
- 120 g de beurre
- 40 g of butter lard
- 750 g pears
- 2 cuillères à soupe de jus de citron
- 2 tbsp vanilla pudding powder
- 80 g de sucre 80 g de sucre 80 g de sucre
- 1 Msp. Piment de la Jamaïque
- 50 g almond sticks

préparation

Mélangez la farine, 1 pincée de sel, la cassonade, le beurre et le beurre clarifié en cubes et frottez avec vos mains pour obtenir des miettes grossières. Ajoutez 3 cuillères à soupe d'eau glacée, pétrissez le tout pour obtenir une pâte lisse. 1 heure à froid. Graisser une tarte ou un moule à manqué (24 cm de Ø).

Peler les poires, les couper en quatre, les évider et les couper en fines tranches. Les mélanger immédiatement au jus de citron. Mélanger la poudre de pudding à la vanille, le sucre, le piment de la Jamaïque et les bâtonnets d'amandes et les ajouter aux poires.

Abaisser les 2/3 de la pâte à 28 cm de Ø. Interpréter la forme avec celle-ci. Percez la pâte à plusieurs reprises avec une fourchette. Mettez les poires dans le moule. Tirez le reste de la pâte en morceaux et répartissez-la sur les poires. Mettez au réfrigérateur pendant 30 minutes.

Faire cuire au four préchauffé à 200 degrés (convection 180 degrés) sur la grille inférieure pendant 40-45 minutes. Laissez refroidir dans le moule.

Tarte aux pommes avec caramel

ingrédients

- pâtisserie
- 100 g of butter
- 250 g de farine
- 50 g de sucre
- 1 jaune d'œuf (classe M)
- sel
- caramel
- 125 ml de crème fouettée
- 100 g de sucre
- 10 g butter
- 1 pincée de sel
- remplissage
- 1 orange biologique
- 800 g Boskop apples

- 20 g amaretti (Italian almond biscuits)

préparation

Pour la pâte brisée, coupez le beurre en morceaux, broyez rapidement en une pâte lisse avec la farine, le sucre, les jaunes d'œufs, 1 pincée de sel et 1-2 cuillères à soupe d'eau froide. Enveloppez dans du film alimentaire et mettez au frais pendant 1 heure.

Pour le caramel, faites caraméliser le sucre dans une casserole jusqu'à ce qu'il soit brun clair. Remplissez-la de crème et faites-la cuire jusqu'à ce qu'elle soit crémeuse pendant environ 15 minutes. Incorporez le beurre et une pincée de sel et versez dans un plat allant au four et recouvert de papier sulfurisé. Laisser refroidir. Couper le caramel en cubes de 1 cm (pas plus fins, sinon les morceaux fondront à la cuisson).

Pour la garniture de l'orange, frottez 1 cuillère à café de zeste et pressez 2 cuillères à soupe de jus. Les deux dans un bol. Peler les pommes, les couper en deux, les évider et les couper en tranches de 3 cm d'épaisseur. Mélanger immédiatement avec le jus d'orange. Incorporer les cubes de caramel.

Sur un plan de travail fariné, étaler les 2/3 de la pâte brisée en un cercle de 28 cm de Ø. Graisser un moule à tarte (24 cm de Ø) et y déposer la pâte à l'aide du rouleau à bois. Couper la pâte qui dépasse. A l'aide d'une fourchette, piquez le sol plusieurs fois. Emietter les amaretti, les saupoudrer sur le sol. Remplir les tranches de pommes en forme de dôme.

Abaissez le reste de la pâte brisée et coupez-la en bandes de 1 cm de large. Posez les bandes de pâte en grille sur la garniture aux pommes et appuyez les extrémités sur le bord de la pâte.

Faites cuire la tarte dans un four préchauffé à 180 degrés (gaz 2-3, convection 160 degrés) sur le rail inférieur pendant 30 minutes.

Gâteau soufflé au chocolat

ingrédients

50 g butter

50 g double cream cheese

60 ml de lait

4 oeufs, Kl. M, séparés

30 g de farine

20 g d'amidon de maïs

0.5 Tl d'épices pour pain d'épice

15 g de cacao

sel

75 g sucre

préparation

Recouvrez un moule à charnière (Ø 20 cm) de papier sulfurisé et disposez une bande de papier sulfurisé sur le bord. Enveloppez la moitié du moule à charnière dans du papier d'aluminium afin que l'eau ne puisse pas pénétrer ultérieurement et placez-la sur une plaque profonde. Préchauffez le four à 170 degrés (la circulation d'air n'est pas recommandée). Portez une grande quantité d'eau à ébullition.

Faites chauffer le beurre, le fromage frais et le lait dans une casserole jusqu'à ce que le beurre ait fondu. Mélangez bien le tout. Mélanger les jaunes d'œufs dans un bol. Incorporer le mélange de lait chaud.

Tamisez la farine, l'amidon, les épices pour pain d'épices et 10 g de cacao en poudre dans le mélange d'œufs et remuez jusqu'à obtenir un mélange homogène avec le fouet.

Battez les blancs d'œufs en neige avec une pincée de sel. Ajoutez ensuite le sucre en remuant et continuez pendant 1/2 min. Soulevez les blancs d'oeufs en 3 portions avec une spatule sous la masse de farine de jaune d'oeuf. Remplissez le moule à ressort préparé. Il est préférable de pousser d'abord la plaque sur le rail central dans le four chaud, puis de la remplir d'eau de manière à ce que le moule à charnière soit au moins à un tiers de sa hauteur.

Faites cuire le gâteau pendant 15 minutes. Réduisez ensuite la température à 160 degrés et faites cuire pendant 15 minutes supplémentaires. Éteignez le four et laissez le gâteau refroidir pendant 15 minutes dans un four fermé. Puis soulevez-le délicatement de la plaque et laissez-le refroidir pendant 15 minutes sur une grille. Démoulez et servez en saupoudrant le reste de la poudre de cacao.

Gâteau mousse moka

ingrédients

Pour 12 pièces

base de biscuit

5 œufs biologiques, (Kl. M)

125 g de sucre

sel

125 g de farine

15 g de cacao

50 g of melted butter

pour dribbler :

4 tbsp coffee liqueur

mousse

5 leaves of white gelatin

0,5 gousse de vanille

20 g of espresso or coffee beans

sel

200 ml de lait

4 organic egg yolks, (Kl. M)

80 g de sucre 80 g de sucre 80 g de sucre

2 tbsp coffee liqueur

250 ml de crème crème crème fou pour crème (de préférence avec 35 % de matière pour crème crème)

Ganache

150 g de chocolat noir, (70%)

200 ml de crème fou montée

En outre

papier sulfurisé

brosse

préparation

Pour la génoise, fouetter les œufs, le sucre et 1/4 de cuillère à café de sel avec le fouet du robot ou le fouet d'un batteur à main pendant 10 minutes jusqu'à ce qu'ils soient très épais et crémeux. Tamisez la farine et le cacao et incorporez-les délicatement à l'aide d'une spatule. Mélangez un peu de pâte avec le beurre fondu et soulevez délicatement sous le reste de la pâte. Répartissez le mélange dans un moule à charnière (Ø 20 cm) recouvert de papier sulfurisé. Faites cuire dans le four préchauffé sur la grille inférieure à 190 degrés (gaz 2-3, air circulant 170 degrés) pendant 30 minutes. Laissez refroidir dans le moule sur une grille.

Retirez la terre du moule. À l'aide d'une lame de scie bien aiguisée, coupez horizontalement trois plaques d'épaisseur égale et découpez celle du milieu en un cercle plus petit (12 cm Ø). Placez le fond sur une assiette et couvrez-le d'un cercle à gâteau. Pour l'égouttage, mélanger la liqueur de café avec 4 cuillères à soupe d'eau et en imbiber la moitié du fond avec un pinceau.

Pour la mousse, faites tremper la gélatine dans de l'eau froide. Grattez soigneusement la gousse de vanille, en enlevant la moelle. Faites bouillir les grains de café, la pulpe et la gousse de vanille, 1 pincée de sel et le lait, puis laissez reposer 30 minutes. Versez le lait dans une passoire et faites bouillir à nouveau. Battez les jaunes d'oeufs, le sucre et la liqueur de café au bain-marie. Ajoutez lentement le lait chaud en remuant. Remuez avec une spatule en caoutchouc jusqu'à ce que la masse s'épaississe. Mettez immédiatement le bol dans l'eau froide. Puis dissoudre la gélatine exprimée dans le liquide chaud et laisser refroidir.

Battez la crème en neige et incorporez-la dès qu'elle commence à faiblir. Répartissez la moitié de la mousse sur le fond et recouvrez-la avec le petit fond. Imbibez le fond avec l'autre moitié du mélange liqueur de café-eau, étalez le reste de la mousse et couvrez avec le troisième fond. Laisser refroidir au moins 4 heures, de préférence toute la nuit.

Hacher la couverture pour la ganache. Faites bouillir la crème, ajoutez la couverture, remuez jusqu'à ce qu'elle soit lisse, puis laissez refroidir. À l'aide d'un couteau fin, retirez le gâteau du moule et placez-le sur un plat à gâteau. Remuer la ganache crémeuse avec un bâtonnet à découper, recouvrir le gâteau d'une vague. Mettez au réfrigérateur pendant 3 heures environ. Sortir le gâteau du réfrigérateur 20 minutes avant de le servir.

Conseils : Le fond de la pâte du milieu est coupé plus petit afin que la crème enveloppe le gâteau et le stabilise. Incidemment, les restes de génoise peuvent être merveilleux comme en-cas sucré pour le café. Il suffit de couper les restes en morceaux, de les tremper délicatement dans du chocolat liquide et de les laisser sécher sur une grille.

Le gâteau peut être bien préparé : Le gâteau à la mousse de moka peut déjà être déposé la veille et ensuite mis en forme pendant la nuit au réfrigérateur, ce qui rend le gâteau en couches également beau et stable. Seule l'enveloppe extérieure de la ganache vient le jour de la fête sur le gâteau. Le sucre vanillé au lieu du sucre vanillé avec de la vraie vanille pour rendre le gâteau beau et blanc.

Petits-Fours

ingrédients

crème

750 g de framboises surgelées (décongelées)

300 g de sucre de conservation, (2 : 1)

500 g de beurre, (à température ambiante)

pâte

1 gousse de vanille

250 g de beurre, (à température ambiante)

200 g sucre

sel

4 œufs, (classe M)

200 g de farine

50 g d'amidon de maïs

1 Msp

garniture

100 g de conf confiture de fra fra fra fra fra fra fra fra (sans morceaux)

200 g marzipan raw material

150 g of powdered sugar

1 Tl lemon juice

préparation

Pour la crème, mélanger les framboises et le sucre gélifiant dans une casserole et porter à ébullition en remuant. Faites cuire pendant 5 minutes en remuant plusieurs fois. Passez les framboises chaudes à travers un tamis et laissez refroidir à température ambiante. Remuez plusieurs fois.

Pour la pâte, coupez la gousse de vanille dans le sens de la longueur et grattez la moelle. Beurre, 150 g de sucre, 1 pincée de sel et la pulpe de vanille avec le fouet du robot (ou le fouet du batteur à main) pendant au moins 8 minutes très crémeux. Séparez 2 œufs, mélangez les jaunes d'œufs et les œufs restants l'un après l'autre pendant 30 secondes sous le mélange de beurre. Mélanger la farine, l'amidon et la levure chimique, ajouter, remuer brièvement sous le mélange beurre-œufs. Battre les blancs d'oeufs en neige avec une pincée de sel, ajouter le reste du sucre et battre pendant 2 minutes pour obtenir des blancs d'oeufs fermes. Incorporer 1/3 du mélange d'œufs sous la pâte, incorporer soigneusement le reste des blancs d'œufs. Étaler 1/4 de la pâte 35x25 cm sur le dos d'une plaque à pâtisserie graissée. Faites cuire au four préchauffé à 180 degrés (gaz 2-3, air circulant 160 degrés) sur la 2ème barre en partant du bas pendant 10 minutes. Détacher délicatement la palette et la soulever à l'aide d'un emporte-pièce. Faites-les glisser sur une grille recouverte de papier sulfurisé et laissez-les refroidir. Faites cuire 4 plaques de cette façon. Laver la plaque entre deux cuissons, la rincer à froid, la sécher et la graisser.

Pour la crème de beurre, remuer avec le fouet du robot (ou le fouet du batteur à main) pendant 8 minutes jusqu'à ce qu'elle soit crémeuse. Ajouter petit à petit 500 g de la masse de framboises, refroidie à température ambiante, tout en remuant au plus bas niveau et bien mélanger.

Recouvrez les fonds d'un tiers de crème chacun. Ne pas badigeonner le sol supérieur. Couvrir de papier sulfurisé. Compléter avec une planche rectangulaire et des assiettes. Laisser refroidir au moins 4 heures (de préférence toute la nuit).

Badigeonner le sol supérieur avec 40 g de confiture. Pétrissez la pâte d'amande et 50 g de sucre en poudre et étalez 35x25 cm sur le plan de travail recouvert de sucre en poudre. Roulez avec le rouleau, roulez à nouveau sur le gâteau. Pressez fermement. Redressez les bords et coupez le gâteau en cubes de 3x3 cm.

Mélangez le reste du sucre en poudre, le reste de la confiture et le jus de citron pour obtenir un sirop épais. Remplissez le glaçage dans un sac à injection jetable. Coupez une petite pointe du sac. Garnissez le cube avec le glaçage et laissez-le sécher.

Gâteau au fromage et à la mangue

ingrédients

Pour 12 unités

biscuit

100 g de farine

20 g d'amidon de maïs

4 œufs, (classe M)

sel

100 g sucre

Crème / garniture

1 mangue mûre, (500 g)

3 jus de citron vert, (en fonction de la douceur de la mangue)

0,5 gousse de vanille

1 pk Sahnefestiger

6 leaves of white gelatin

500 g de quark pauvre en graisse

100 g de sucre

660 ml de crème pâtissière, (35% de matières grasses)

En outre

2 tablespoons of powdered sugar, for dusting

préparation

Pour le biscuit, corder le fond d'un moule à charnière (Ø 26 cm) avec du papier sulfurisé. Mélanger la farine et la fécule de maïs. Séparer les œufs.

Battez les blancs d'œufs et une pincée de sel dans le robot (ou avec le fouet du batteur à main) jusqu'à ce qu'ils soient fermes. Ajoutez progressivement le sucre et remuez pendant 1 minute jusqu'à l'obtention d'une masse ferme et crémeuse. Incorporez les jaunes d'oeufs avec le fouet. Tamisez le mélange de farine en 3-4 portions sur la masse d'oeufs et incorporez-la en pliant légèrement avec le fouet (ne remuez pas !). Remplir la masse dans le moule à charnière, la répartir uniformément et la faire cuire au four préchauffé sur la grille du 2e rail en partant du bas à 175 degrés (gaz 2, air circulant 160 degrés) pendant 25 minutes. Retirez le biscuit et laissez-le refroidir complètement sur une grille.

Détacher le biscuit avec une palette du bord du moule, décoller l'anneau. Retourner le biscuit et décoller le papier sulfurisé. Remettre le biscuit sur le plateau à ressort et le couper en deux horizontalement avec la lame de scie. Soulevez la moitié supérieure et gardez-la couverte au frais. Nettoyez l'anneau Springform, placez-le autour du fond du biscuit et fermez-le.

Pour la crème de remplissage, pelez la mangue et coupez la pulpe du noyau. Mettez 200 g de pulpe avec le jus de citron vert dans un saladier. Fendez la gousse de vanille dans le sens de la longueur et grattez la moelle. Mettez la moelle et la crème de tarte dans le bol mélangeur et réduisez le tout en purée avec le bâton de coupe. Coupez en dés le reste de la chair de la mangue et mélangez-la à la purée.

Faites tremper la gélatine dans de l'eau froide. Mélangez le séré avec le sucre dans un grand bol. Battre en neige avec 600 ml de crème. Faites chauffer le reste de la crème dans une casserole. Retirez la casserole du feu. Pressez bien la gélatine et dissolvez-la en remuant dans la crème chaude. Ajouter progressivement 3 cuillères à soupe de séré (pour refroidir la crème). Remuer rapidement la masse de gélatine sous le reste du fromage blanc. Incorporer délicatement 2 portions à l'aide d'une spatule (ne pas remuer, sinon la crème fouettée s'effondrera à nouveau !)

Remplissez le moule à charnière avec 1/3 de la crème de fromage blanc. Répartissez la moitié du mélange de mangue avec une cuillère à soupe et saupoudrez légèrement avec le dos de la cuillère. Recouvrez 1/3 de la crème de fromage blanc avec le reste du mélange de mangue et couvrez avec le reste de la crème de fromage blanc. Lissez la surface avec une palette. Gardez le gâteau couvert pendant au moins 6 heures (de préférence toute la nuit).

Trempez une fine palette dans l'eau chaude et retirez le gâteau du bord du moule à ressort. Enlevez l'anneau. Coupez le dessus du biscuit en deux avec une lame de scie, puis en quatre et en 12 morceaux égaux. Placez les morceaux de biscuit en portions sur le gâteau à l'aide du couteau ou de la palette. Saupoudrez le gâteau de sucre en poudre juste avant de le servir et soulevez-le délicatement sur une assiette à gâteau.

Gâteau aux fraises et aux fleurs de sureau

ingrédients

Pour 14 pièces

biscuit

4 œufs, (classe M)

100 g de sucre

sel

100 g de farine

20 g d'amidon de maïs

40 g of ground almonds

Crème et garniture

5 leaves of white gelatin

250 g de fromage blanc pauvre en graisse

150 ml elderflower syrup

1 Tl finely grated organic lemon peel

2 cuillères à soupe de jus de citron

700 g small strawberries

330 ml de crème pâtissière, (35%)

Pour tremper et brosser

3 El elderflower syrup

1 tbsp lemon juice

250 g de confiture de fraises, (sans morceaux)

En outre

4 omb ombelles de fleur de s s s e l l e s s u r l e s s e l l e s , pour la décoration

préparation

Pour le biscuit, fouetter les œufs, le sucre et une pincée de sel avec le fouet du robot (ou le fouet du batteur à main) pendant 8-10 minutes jusqu'à obtenir une consistance crémeuse. Passez la farine et la fécule au tamis, ajoutez les amandes et incorporez-les soigneusement. Répartissez le mélange dans un moule à charnière (Ø 24 cm) disposé avec du papier sulfurisé sur le fond. Faites cuire dans un four préchauffé à 180 degrés (gaz 2-3, air circulant 160 degrés) sur la 2ème barre à partir du bas pendant 25 minutes. Laissez refroidir dans le moule sur une grille.

Pour la crème, faites tremper la gélatine dans une grande quantité d'eau froide. Fouettez le séré, le sirop et le zeste de citron avec le fouet du robot (ou le fouet du batteur à main) pendant 4 minutes jusqu'à obtenir une crème onctueuse. Bien exprimer la gélatine. Faites légèrement chauffer le jus de citron et dissolvez-y la gélatine. Incorporer 4 cuillères à soupe de crème de fromage blanc dans le mélange de gélatine, remuer le mélange sous le reste du fromage blanc. Laissez la crème froide pendant environ 40 minutes.

Nettoyer les fraises. Coupez 14-16 fraises en deux. Retirer le fond de biscuit du moule, décoller le papier et couper le fond horizontalement en 3 plateaux d'épaisseur égale. Pour le trempage, mélanger le sirop et le jus de citron et en saupoudrer uniformément les 2 étages supérieurs. Placez un cercle à gâteau autour du fond, enduisez le fond avec 1/3 de la confiture.

Dès que la crème commence à prendre, battez la crème en neige. Incorporer 1/3 de la crème sous la crème, incorporer délicatement le reste de la crème. 4-5 El crème sur le sol avec la confiture, mettre des fraises coupées en deux avec la surface coupée près du bord, mettre au milieu des fraises entières. Ajouter la moitié de la crème. Couvrir avec le sol du milieu, enduire le fond avec la moitié de la confiture restante. Ajouter la moitié de la crème restante. Superposer le reste du sol et le reste de la crème. Mettre les fraises entières restantes sur le dessus. Gardez le gâteau au froid pendant au moins 5 heures (de préférence toute la nuit).

Retirez le gâteau du cercle, arrosez-le avec le reste de la confiture et servez-le garni de fleurs de sureau.

Petit gâteau aux framboises

ingrédients

Pour 10 pièces

biscuit

55 g de farine

40 g d'amidon de maïs

40 g de poudre de cac en poudre

1 Tl de poudre à lever tartare

4 œufs, Cl. M

sel

120 g sucre

remplissage

6 leaves of gelatin, White

450 g of raspberries

4 cuillères à soupe de jus de citron

100 g sucre

450 ml de chantil crème

2 pk sucre vanillé Bourbon

2 tb organic lemon peel, finely rubbed off

5 El alcool de framboise

3 sirop de framboise

ornementation

250 ml whipped cream

15 framboises

Aussi : Un moule à manqué (20 cm Ø), un anneau à gâteau réglable, une poche à douille avec un œillet (1 cm Ø).

préparation

Pour le biscuit, mélanger la farine, la maïzena, le cacao et la levure chimique. Séparer les œufs. Battez les blancs d'œufs et 1 pincée de sel avec le fouet du batteur à main jusqu'à ce qu'ils soient fermes, laissez le sucre s'infiltrer lentement. Incorporer brièvement les jaunes d'oeufs. Répartir le mélange de farine sur le dessus et plier soigneusement. Versez la pâte dans un moule à charnière recouvert de papier sulfurisé et lissez-la. Faites cuire dans un four préchauffé à 180 degrés (gaz 2-3, pas d'air chaud recommandé) sur la 2ème barre en partant du bas pendant 25-30 minutes. Laissez le biscuit refroidir dans le moule sur une grille. Retirer le biscuit du bord, le culbuter, enlever le papier sulfurisé.

Pour la garniture, faites tremper la gélatine dans une grande quantité d'eau froide pendant environ 10 minutes. Faites bouillir 350 g de framboises avec le jus de citron et le sucre. Réduire en purée avec le bâtonnet et passer au tamis. Bien presser la gélatine et la dissoudre dans la purée de framboises encore chaude. Laisser refroidir. Dès que la masse commence à se gélifier, fouetter la crème avec le sucre vanillé jusqu'à ce qu'elle soit bien ferme. Retirer la crème, le zeste de citron et les framboises restantes sous la purée.

Coupez le biscuit deux fois horizontalement. Mélangez l'alcool de framboise et le sirop. En arroser uniformément les génoises. Posez une génoise sur une assiette et recouvrez-la d'un cercle à gâteau. Badigeonnez d'un tiers de la crème à la framboise. Placez une autre génoise sur le dessus et appuyez légèrement.

Etalez 1/3 de la crème sur le dessus et couvrez avec un autre sol. Pressez légèrement. Badigeonner avec le reste de la crème. Couvrir pendant au moins 4 heures au réfrigérateur.

Pour décorer, retirez le cercle du gâteau. Fouettez la crème. Mettez environ 6 cuillères à soupe de crème dans une poche à douille avec un trou (d'environ 1 cm de large). Étalez le reste de la crème autour du gâteau à l'aide d'un couteau ou d'une palette et lissez-la de bas en haut, en créant un motif à rayures. Avec la poche à douille, faites environ 15 éclaboussures de crème sur le gâteau. Garnissez de framboises et servez.

Tarte au lait de poule

ingrédients

pâte

50 g of ground hazelnuts

4 œufs

sel

120 g sucre

70 g de farine

40 g d'amidon de maïs

crème de lait de poule

5 leaves of white gelatin

1 citron biologique

80 g de sucre 80 g de sucre 80 g de sucre

4 jaunes d'oeufs

250 ml de lait de poule

250 g de quark faible en gras

400 ml whipped cream

poudre de cacao

préparation

Faire griller les noisettes dans une poêle jusqu'à ce qu'elles soient dorées. Séparer les œufs. Battre le blanc d'oeuf et une pincée de sel avec le fouet du batteur à main, puis ajouter lentement le sucre et battre en neige. Incorporez les jaunes d'oeufs. Passez la farine et la fécule au tamis et incorporez-les avec les noisettes. Versez la pâte dans un moule (24 cm de diamètre) recouvert de papier sulfurisé. Faites cuire dans un four préchauffé à 180 degrés (gaz 2-3, air pulsé 160 degrés) sur la 2ème barre du bas pendant 20-25 minutes. Laissez le fond refroidir dans le moule.

Pour la crème de lait de poule, faites tremper la gélatine dans de l'eau froide. Frottez la moitié du zeste du citron sur le côté fin de la râpe. Pressez le jus de citron. Fouettez le zeste de citron et 3 cuillères à soupe de jus avec le sucre, les jaunes d'œufs et le lait de poule dans une marmite à fouetter au-dessus de l'eau bouillante pendant 4-5 minutes jusqu'à ce que la crème soit crémeuse. Retirez du bain-marie et dissolvez la gélatine exprimée en remuant. Ajouter le fromage blanc et mélanger. Remuer la masse froide dans un bain d'eau froide jusqu'à ce qu'elle soit légèrement gélifiée. Battre la crème jusqu'à ce qu'elle soit ferme et l'incorporer progressivement et délicatement avec une spatule.

Retirer le fond du moule et le couper en deux horizontalement. Remettez la moitié inférieure dans le moule, enduisez-la de la moitié de la crème d'advocaat. Placez le deuxième étage par-dessus et étalez le reste de la crème dessus. Mettez au réfrigérateur pendant 4 heures.

À l'aide d'un petit couteau de cuisine, retirez le gâteau du bord, démoulez-le et placez-le sur une assiette à gâteau. Saupoudrer le gâteau d'un peu de poudre de cacao et servir.

ASTUCE La crème est meilleure avec du lait de poule maison. Battez 6 jaunes d'œufs (Kl.M) et 150 g de sucre glace avec le fouet du batteur à main pendant 5 minutes. Incorporez la marinade d'une gousse de vanille et une pincée de clous de girofle moulus. Ajoutez d'abord 250 ml de lait concentré (10%), puis 500 ml de brandy en un mince filet tout en remuant. Mettez au réfrigérateur pendant 2 heures, en remuant de temps en temps. Si nécessaire, écumez la mousse. Transférez la liqueur dans une bouteille. Au réfrigérateur, elle se conserve 4 à 6 semaines.

gâteau au fromage zébré

ingrédients

Pour 14 portions

150 g de sac de z z z en chocolat

120 g of butter or margarine

150 g whole milk couverture

500 g de quark pauvre en graisse

250 g mascarpone

150 g g de sucre

0.5 Tl cinnamon powder

sel

4 œufs (classe M)

2 cuillères à soupe de farine

4 tablespoon chocolate rolls

préparation

Mettre la biscotte dans un sac de congélation et l'écraser finement avec un rouleau à pâtisserie. Faire fondre 80 g de graisse, pétrir avec les biscottes. Presser la masse dans un moule à charnière (24 cm Ø) tapissé de papier sulfurisé.

Préchauffer le four préchauffé à 160 degrés (air circulant 150 degrés) sur la 2ème lame en partant du bas pendant 15 minutes. Hacher la couverture, la faire fondre au bain-marie. Faire fondre 40 g de graisse.

Ajoutez 3 sérés, le mascarpone, le sucre, la cannelle et 1 pincée de sel avec le fouet du batteur à main pendant 5 minutes. Incorporer les œufs un par un. Incorporer la farine et la graisse. Coupez en deux le mélange, remuez la couverture sous une moitié.

Ajoutez 2/3 de la masse brillante dans le moule, laissez couler. Versez délicatement 2/3 de la masse chocolatée dessus et laissez couler. Déposer le reste de la masse claire et foncée en plusieurs couches. Faites cuire dans un four préchauffé à 160 degrés (air circulant 150 degrés) sur le deuxième rail à partir du bas pendant 50 minutes. Laissez refroidir complètement dans le moule. Saupoudrer de rouleaux de chocolat.

www.ingramcontent.com/pod-product-compliance
Lightning Source LLC
Chambersburg PA
CBHW071230080526
44587CB00013BA/1554